好家庭胜过好学校

国学军◎著

中国国际广播出版社

图书在版编目（CIP）数据

好家庭胜过好学校 / 国学军著. -- 北京：中国国
际广播出版社, 2018.4
ISBN 978-7-5078-4188-6

Ⅰ. ①好… Ⅱ. ①国… Ⅲ. ①家庭教育 Ⅳ. ①G78

中国版本图书馆CIP数据核字(2018)第074115号

好家庭胜过好学校

著　　者	国学军	
责任编辑	张娟平	
版式设计	华阅时代	
责任校对	徐秀英	

出版发行　中国国际广播出版社 [010-83139469　010-83139489（传真）]

社　　址　北京市西城区天宁寺前街2号北院A座一层
　　　　　邮编：100055
网　　址　www.chirp.com.cn
经　　销　新华书店
印　　刷　香河县宏润印刷有限公司

开　　本　880×1230　1/32
字　　数　200千字
印　　张　8
版　　次　2018年8月 北京第一版
印　　次　2018年8月 第一次印刷
定　　价　39.80元

一直以来，学校，都被认为是决定孩子成才的最关键的地方，家长也想尽一切办法让孩子进入好的幼儿园、小学、初中、高中、大学……殊不知，最好的学校其实就在身边——好家庭就是一所最好的学校，它胜过世上任何一所好学校。

每个人一出生，便被一种环境包围着，那就是家庭环境；每个人一生都不能离开的环境，也是家庭环境。所以说，良好的家庭环境及家庭教育对孩子的成长至关重要，甚至决定孩子的发展方向，影响孩子的终生。

在充满爱的家庭中长大的孩子，在感受"爱"和享受"爱"的同时，也会不由自主地充当起爱的"传递器"，将自身感受到和享受到的"爱"播散出去，让他人也接受"爱"的沐浴。而且，更重要的是，当他们置身于不良榜样的环境中时，我们才有可能用正确的观点与做法对他们产生最深刻、最久远的影响力。

在拥有平等民主的家庭之中，孩子能充分发挥自主性和能动性，信任感被孩子内化为理性思维，并运用于自我管理中，他就能够更好地解决生活和学习中遇到的各种问题，也会更愿意听取家长的意见。

一个拥有自由空间的家庭，能让孩子对世界万物有个全面的感受，更能促使孩子去体悟人生。当然，更重要的是能使孩子积极地去探寻真理，当一个孩子做到了这些，他就会朝着优秀人才的方向迈进。

让孩子充分感觉到鼓励和欣赏，不仅能使他的内心得到满足，还能使孩子感受到父母发自内心的爱，充分地建立起对自己的信心，也会倾向于再次表现这种受赞扬的行为，促使他努力把事情做得更加完美。

父母带着宽容去指导孩子，才能让孩子感到安全，让孩子充满自信，让孩子勇于负责，让孩子善于同情，让孩子学会自制。

一个好家庭，一定也是一个有原则的家庭。父母用一些言行规范约束孩子，让他从小就明确是非曲直，学会判断优劣，这对于他的一生来说都至关重要。

真正的好家庭，不是向孩子描绘一个理想的社会，而是将一个客观而真实的世界呈现在孩子面前，这对孩子将来适应社会、适应环境及与人打交道方面，都有好处。

给孩子一个有利于锻炼他能力、适宜他成长的被信任的家庭环境，孩子才能在这个被信任的环境中磨砺好他们的"翅膀"，并最终有能力在高空中迎风起舞，展翅飞翔。

不对孩子传递生活艰辛的沉重感，而是不论穷富，都能让孩子生活在一种积极的家庭氛围之中，孩子内心始终有富足在流动，他长大成人后，才能对金钱抱有正确的心态，处理好人与金钱的关系，一生不为金钱问题所扰。

而这些是任何一所学校都不能完全给予孩子的。因此，与其大费周折让孩子择个好学校，不如从自己做起，给孩子在家里办个"好学校"——一个有爱、民主、自由、鼓励、宽容、原则、开明、信任、积极的"家学校"。

▶▶ 第一章　好家庭才是教育孩子最好的学校

爸爸妈妈才是孩子永不退休的班主任.................. 002

父母是原件，孩子是复印件............................. 002

父母的口袋和脑袋决定孩子的未来.............. 003

一句话毁人，一句话造人............................. 004

真正的教育应该是一种浸染熏陶的教育.......... 006

用自身无形的力量去感染孩子...................... 006

将教育融于生活点滴小事中.......................... 007

什么样的家风，什么样的孩子...................... 009

家庭好的小孩，才能往正确的方向跑.............. 011

世上最好的家就是爸爸爱妈妈...................... 011

"让孩子像野花一样自然生长"...................... 013

教育的使命是激发孩子的独特天赋.............. 016

孩子的生长环境关系他的情商高低.............. 022

管教上，家庭成员齐心一致最重要.............. 025

最该接受教育的不是孩子，而是我们 027

　　家教的最大问题是对孩子内心的无知 027

　　爱孩子，更要"会"爱孩子 029

　　良好的亲子沟通胜过任何教育方式 032

　　金钱补偿不了缺失的亲情 033

▶ 第二章　有爱的家——在爱中长大的孩子才懂得如何去爱

温馨的家庭氛围让爱自然萌发 038

　　爱，就要大胆"说"出来 039

　　让孩子在任何时刻都感受到爱 040

　　与人为善，不是从书本上学来的 041

父母的陪伴比任何东西都重要得多 043

　　陪伴孩子重"质"而不是"量" 043

　　制定一份切实有效的时间管理计划 045

　　在孩子眼中，父母越天真越好 049

打不是亲，骂也不是爱 051

　　坚持"盛怒之下不管教"的原则 051

　　孩子真正欠的也许不是打，而是抱 052

　　给孩子健康的身体是父母最深沉的爱 054

让爱在你与孩子之间流转起来 059

　　爱的正大光明，不要默默奉献 060

　　向孩子"索要"爱的回报 061

　　欣然接受，唤醒孩子心中爱的源泉 062

➡ **第三章　民主的家——平等沟通，是孩子理性的开端**

尊重，是对一个孩子最好的培养 066

悔改心源于内疚，而非羞耻 066

孩子的隐私，看破不说破 069

不要把自己的意愿强加在孩子身上 071

不要硬性改变孩子的兴趣爱好 072

让儿童按自己的意愿选择朋友 073

让孩子按自己的方式解决纠纷 074

给孩子与大人争辩的话语权 076

以平常心看待孩子的犟嘴 076

说服孩子而不是压服他 078

放下架子，蹲下来和孩子交谈 081

不要急于和孩子讲大道理 081

有勇气向孩子说声"对不起" 082

➡ **第四章　自由的家——释放孩子想象力，给他无限可能**

淘气的男孩是好的，淘气的女孩是巧的 086

破坏的过程就是学习的过程 086

让孩子自在写比教他写更重要 088

"谎言"中萌生的创造力因子 090

孩子的思想开阔，他的世界才能更精彩 093

每个孩子天生就是"问题宝宝" 093

不要用心理定势禁锢孩子的思维 095

没有什么比让孩子做他自己更为重要 098

    自由越多，孩子越知道该做什么 098

    玩耍是儿童认识这个世界的途径 100

▶▶ 第五章　鼓励的家——学习，应该是每一个孩子的本能

学习兴趣是孩子学习的原动力 104

    让孩子体验到克服困难获取成功的乐趣 104

    寓学于玩，用玩耍淡化学习的概念 106

学习的问题从来不是学习本身的问题 111

    学习本能有时会蕴藏在不良行为中 111

    物质奖励反而会降低孩子的学习兴趣 112

优秀的孩子是"夸"而非"贬"出来的 115

    赏识教育让"好孩子"心态觉醒 115

    被期待的孩子更容易发挥出自身潜力 117

    贴上好标签，孩子在不知不觉间改变 119

▶▶ 第六章　宽容的家——最好的教育，是让孩子自己管束自己

每个孩子都是一个独一无二的个体 122

    不要把孩子作为父母间攀比的对象 122

    扬长避短是唯一的一条成功之路 124

世界上没有完美的小孩儿 ·········· 128

　　撒谎：建立健全家庭内部"容错机制" ·········· 128

　　叛逆：将孩子当作独立的个体来对待 ·········· 130

　　逃学：有针对性的弥补孩子的心理需要 ·········· 132

　　早恋："曲线救国"好过"棒打鸳鸯" ·········· 134

心理制裁比对孩子打骂更管用 ·········· 138

　　用沉默无声的行为感召孩子 ·········· 138

　　用旁敲侧击的暗示引导孩子 ·········· 140

　　用亲身体验的感受唤醒孩子 ·········· 141

▶ 第七章　原则的家——训子千遍不如给孩子好习惯

加强孩子自控能力的培养 ·········· 146

　　强化，对自控能力的形成有重要意义 ·········· 146

　　给缺乏自控力的孩子试试祖母原则 ·········· 148

　　对孩子进行"延迟满足"的训练 ·········· 150

　　在没有压力的环境下，孩子难以自律 ·········· 152

帮助孩子树立良好的时间观念 ·········· 155

　　和孩子一起制定纪律表、作息表 ·········· 155

　　"最后通牒"遏制孩子的拖拉习惯 ·········· 158

　　心中有目标的孩子不会浪费时间 ·········· 159

把道德品质的塑造放在家庭教子的首位 ·········· 161

　　孩子身上最重要的品质源于他的父母 ·········· 161

　　换位思考中建立起孩子的同理心 ·········· 163

平等关系，可以激发孩子的责任感 165

必要的规矩和礼仪，必须立 167

培养生活好习惯，身体健康是本钱 171

有讲卫生的父母才有讲卫生的孩子 171

解决孩子吃饭问题需从心理入手 173

正面刺激才能帮助孩子纠正坐姿 176

▶ 第八章　开明的家——早一点让孩子了解世界的本来面目

不要为孩子做他自己能做的任何事 180

孩子有能力当好自己的"小管家" 180

孩子具备独立解决问题的能力 182

让孩子加入家庭事务的决策团队中 184

凡事都应该和孩子商量着来 184

不会做家务的孩子不会成大业 186

带孩子去见识家庭以外的真实世界 190

让孩子走出"温室"接受成长洗礼 190

网络时代，不妨对孩子"网开一面" 193

儿童性教育，永远不嫌早 195

授之以渔，让孩子可以自己保护自己 200

交通安全是孩子安全教育的重要内容 200

孩子有能力辨别善恶才能保护自己 201

强大的内心能帮助孩子远离校园霸凌 203

让孩子可以冷静地解决突发事件 205

» 第九章 信任的家——失败的经验教训更能推动孩子成长

每个孩子身上都有一个"自我帮助系统"......................... 210

放手，让孩子独自面对挫折和失败 210

鼓励孩子"安全的冒险".................................... 211

家人的支持可以让孩子尽快走出困境..................... 213

孩子需要的是鼓励，而非安慰 213

允许并鼓励孩子宣泄负面情绪 214

在孩子的成功路上点亮一盏指路明灯..................... 217

帮助孩子建立坚持的品质 217

多向孩子灌输一些乐观主义的思想 219

自信是孩子对抗挫折的最好武器............................. 221

» 第十章 积极的家——帮助孩子树立正确的金钱观

不要把你的贫穷观"塞给"孩子................................ 224

不要把贫穷作为督促孩子的理由 224

激发孩子"我要成为富人"的野心 226

给孩子钱，不如给他正确的理财观念 228

消费观：该省则省，当用则用 228

金钱观：不要把孩子引入拜金歧途 230

致富观：富有不是理所当然的 231

会花钱的孩子，将来才会赚钱 233

让孩子花钱，他才能学会花钱 233

被追债的痛苦能加深孩子对借贷的认知 235

让孩子学会把消费分出个轻重缓急 237

按计划花钱，是合理消费的基础 238

储蓄与投资，培养孩子现代理财观 240

具体的存钱过程是孩子储蓄概念的开始 240

学会投资，打开孩子的财富之门 242

第一章

好家庭才是教育孩子最好的学校

很长时间以来，孩子似乎只有考入顶尖学府，才被认为是教育的成功。因此，许多父母都寄希望于为孩子选择一个好学校、一个好老师。殊不知，孩子的成长，不是只靠学校制度的约束、老师教学的管理来完成的，学校教育再重要也远不如家庭和父母更加重要和无可替代。

爸爸妈妈才是孩子永不退休的班主任

从一个人接受教育的过程来看，每个人从出生到成人，都离不开家庭的教育和影响。家庭教育才是一个人接受最早、时间最长、影响最深的教育，爸爸妈妈才应该是孩子永不退休的班主任。

▶▶ 父母是原件，孩子是复印件

父母是原件，孩子是复印件，这里说的并非是遗传问题。而是说由于孩子的模仿能力强、分辨能力差，"近朱者赤，近墨者黑"在他们身上表现得更加明显。作为孩子最亲近的人，父母总是处在孩子默默地关注中，无论我们说什么、做什么，都会对孩子的成长产生深刻的影响。因为在孩子天真无邪、不谙世事的世界里，父母的一言一行永远占据着相当重要的位置，他们的潜意识会认同自己的父母，会在不知不觉中模仿自己的父母，把父母的举动真实地复印出来。

在现实生活中我们不难发现：如果一个孩子喜欢暴力，他一定有一个喜欢打骂的家长；如果一个孩子不善良，他的父母中必有一人缺乏同情心；如果一个孩子不懂是非，他的父母中一定有一个不明事理的人……

这是家庭教育的定律。所以，你渴望孩子具有什么样的品质，你自己就必须要先具备这样的品质，用无形的力量去感染孩子。正如教育学家苏霍姆林斯基所说："每瞬间，你看到孩子，也就看到了自己；你教育孩子，也就是教育自己，并检验自己的人格。"

▶▶ 父母的口袋和脑袋决定孩子的未来

我们常说"环境造人"，如果说生长环境决定着人的性格和未来的话，那么孩子早期生长的主要环境，就是家庭环境。家庭环境好，孩子自然可以健康成长，家庭环境不好，孩子也必然会有这样那样的问题。

那么，何为环境好，何为环境不好？

其实这里的环境既指物质环境，也包括精神环境。一句话，父母的口袋和脑袋决定孩子的未来。

首先，一个家庭经济基础要相对雄厚。国外研究发现，大多数"神童"都生长在相对富裕的家庭，生活在丰富而有趣的环境中，许多人的父母很重视孩子的早期教育。2017北京高考文科第一名熊轩昂在被问到"是否相信知识可以改变命运"的时候，也说道：高考是阶层性的考试，农村地区越来越很难考出来，我是中产家庭孩子，生在北京，在北京这种大城市能享受到的教育资源，决定了我在学习时能走很多捷径，能看到现在很多状元都是家里厉害，又有能力的人，所以有知识不一定改变命运，但是没有知识一定改变不了命运。不管我们愿不愿意承认，寒门出贵子的时代确实已然成为过去了。

其次，父母自身的文化素质、道德修养要高。单靠经济硬实力并不能让一个孩子成才，家庭软实力才是本质所在。国外研究发现，受过高一些教育的母亲，相对来说，会养育出更健康、更聪明的孩子。实际上，其中榜样的作用不言而喻。因为文化、道德教育程度高的人，在家庭之中也会是一个不断学习坚持自我教育的人，而且也会非常重视不断学习有关孩子身心发展和教育的知识，耳濡目染之下，孩子成材的概率自然也就更大。

第三，家庭关系（夫妻、亲子之间）一定要和谐融洽。很难想象，每天处在争吵中、打闹、讥讽、猜忌的环境里的孩子，会成长为一个温和、友善、礼貌、诚信的人。和谐融洽的家庭才是培育身心健康孩子的基本保证。

▶▶ 一句话毁人，一句话造人

重视家教是好事，可如果方法错了，往往就会伤害孩子于无形之中。

美国一位著名心理学家就曾经进行过这方面的研究。他在全美同时选出 50 位成功人士和 50 位有犯罪记录的人，分别去信给他们，请他们谈谈母亲对他们的影响。有两封回信给他的印象最深。巧的是他们谈的都是同一件事：小时候母亲给他们分苹果。

一封来自监狱一位服刑的犯人，他在信中这样写道：小时候，有一天妈妈拿来几个苹果，红红的，大小各不同。我一眼就看见中间的一个又红又大，十分喜欢，非常想要。这时，妈妈把苹果放在桌上，问我和弟弟：你们想要哪个？我刚想说想要最大最红的一个，这时弟弟抢先说出我想说的话。妈妈听了，瞪了他一眼，责备他说：好孩子要学会把好东西让给别人，不能总想着自己。于是，我灵机一动，改口说："妈妈，我想要那个最小的，把大的留给弟弟吧。"妈妈听了，非常高兴，在我的脸上亲了一下，并把那个又红又大的苹果奖励给我。我得到了我想要的东西，从此，我学会了说谎。以后，我又学会了打架、偷、抢，为了得到想要得到的东西，我不择手段。

直到现在，我被送进监狱。

一封来自白宫一位著名人士，他是这样写的：小时候，有一天妈妈拿来几个苹果，红红的，大小各不同。我和弟弟们都争着要大的，妈妈把那个最大最红的苹果举在手中，对我们说："这个苹果最大最红最好吃，谁都想要得到它。很好，现在，让我们来做个比赛，我把门前的草坪分成三块，你们三人一人一块，负责修剪好，谁干得最快最好，谁就有权得到它！"我们三人比赛除草，结果，我赢了那个最大的苹果。我非常感谢母亲，她让我明白一个最简单也最重要的道理：想要得到最好的，就必须努力争第一。她一直都是这样教育我们，也是这样做的。在我们家里，你想要什么好东西要通过比赛来赢得，这很公平，你想要什么，想要多少，就必须为此付出多少努力和代价！

推动摇篮的手，就是推动世界的手，你可以教他说第一句谎话，也可以教他做一个诚实的永远努力争第一的人。教育孩子，并非是自然而然、无师自通的事情，掌握正确的教育方法才能做一个合格的"班主任"。

真正的教育应该是一种浸染熏陶的教育

关于教育，杨绛先生说，"好的教育"首先是启发人的学习兴趣，学习的自觉性，培养人的上进心，引导人们好学，和不断完善自己。要让学生在不知不觉中受教育，让他们潜移默化。

也就是说，真正的教育应该是一种浸染熏陶的教育。家庭成员的一言一行，都是一种无言的教诲；生活环境的万事万物，都可以成为家庭教育的内容。让孩子切身感受到熏陶和浸染，才能真正内化于心、外化于行。

▶▶ 用自身无形的力量去感染孩子

很多父母对教育孩子非常上心，可他们即使磨破了嘴，操碎了心，孩子的行为习惯依然不好，原因何在？

如果你读过漫画家几米的一本漫画，叫作《我的错都是大人的错》，一定会找到答案：

"有些父母喜欢教训孩子：吃得苦中苦，方为人上人，但他们自己吃尽了苦头，好像也没变成人上人……"

"前天你说过的话，昨天你忘了。今天你答应的事，明天你也不会实现。你说后天我们再一起去赏花赏鸟吧！我摇摇头，后天的花明天就谢了，鸟儿早就飞去无影踪……"

"大人总喜欢对小孩说：永远永远不要放弃梦想。但是为什么放弃梦想的都是大人？"

......

这些既简单又直白的语言，一针见血地说出了现代家教的矛盾：我们只注意言教，却没有注意身教的作用。

例如，现实生活中，许多父母将"宝宝，我跟你说，你应该......"作为教子的口头禅，但是一转身，自己却做不到他们对孩子要求的事情。如，有的爸爸指着孩子的鼻子，大喝"你给我念书去，不许看电视"时，自己却躺在沙发上看电视；有的妈妈告诫孩子，不珍惜时间学习就是"慢性自杀"时，自己却一宿一宿地玩麻将……如此一来，父母苦口婆心的教导就变得毫无意义了。

所以，当你很头痛，为什么跟孩子说了一遍又一遍，他还是记不住时，就要反思下自己是否只重言教，而忽视了身教。如果你希望孩子能够总是把"谢谢"和"请"挂在嘴边，那么你必须自己先这样做，自己经常说这些礼貌用语才行；如果你希望孩子能够好好学习，那么你必须自己常常读书，给孩子营造一个学习的氛围才行；如果你希望孩子诚实守信，那么你必须自己兑现承诺，做一个守信的人……

总之，你的一言一行都在潜移默化地影响着孩子。以身作则，言行如一，为孩子做个好榜样，才能引导孩子在正确的轨道上前行。

▶▶ 将教育融于生活点滴小事中

家庭教育的优势就在于，不需要孩子正襟危坐，也没有口若悬河和训斥责备。只有触动感激、心有灵犀、快乐成长。在这里，生活就是一个大课堂，父母可以抓住生活中的任意事情对孩子进行各种形式的教育。例如：

在孩子生日时，你在为孩子准备生日礼物和美味饭菜的同时，还应该不忘给孩子一份生日赠言。可以是书面的，也可是口头的，主要说一些激励孩子话语，使孩子明白一些做人的道理，同时也让孩子明白他的生日也是母亲的受难日；

就餐时，你可以对孩子进行珍惜粮食、菜肴的教育，教孩子背诵"锄禾日当午，汗滴禾下土，谁知盘中餐，粒粒皆辛苦"。使孩子们懂得饭菜来之不易的道理，同时还可以教孩子在餐桌上学会礼貌和谦让；

还可利用家庭聚会的机会，培养孩子讲文明、懂礼貌、待人热情大方的交际素质；

出外旅游时，给孩子讲解名胜古迹来历或故事的同时，有意识地培养孩子热爱祖国的大好河山思想感情，教育孩子不要攀折花枝、乱涂乱写，不要用石块儿或脏东西投掷动物、不要随地乱丢瓜皮果壳；

做家务时，培养孩子养成爱劳动的良好习惯，可从洗手帕、洗袜子、铺床、叠被、扫地、倒垃圾等入手，然后随年龄的增长而加大劳动量；

和长辈相处时，要教育孩子孝敬老人，主动给老人端茶倒水，吃饭时要让老人先动筷子，遇事不和老人顶嘴；

……

总之，你要记住，教育和培养孩子需要一个相当艰难、复杂、漫长的阶段，然后通过这个阶段不断地总结出经验教训，采取措施，这可能成功，也可能失败。但只要你不断努力，不断地付出心血与代价，正确地对待每一件事情，它就会有好的结果。

➤➤ 什么样的家风，什么样的孩子

什么是家风？家风其实是一种潜在无形的力量，它由家庭成员的态度、行为及舆论所营造，存在于家庭日常生活中，表现在成年人处理日常生活中各种关系的态度和行为中。它虽没有文本要求挂在墙上，没有条目细则放在床头，但却在无形和潜在地发挥着教育功能，对孩子有着耳濡目染、潜移默化的影响。孩子的世界观、人生观、性格特征、道德素养、为人处事及生活习惯等，每个方面都会打上家风的烙印。

可以说，有什么样的家风，就有什么样的孩子。有一则资料说，美国有两个家族，一个是爱德华家族，爱德华是位德高行洁、博学勤勉、多才严谨的人。他的后辈儿孙受到他奠定的家风的影响，取得了非常大的成就——有十三位大学校长，一百多位教授，八十多位文学家，六十多位医生，还有一人当过副总统，一人当过大使，二十多人当过议员。而另一个珠克家族，该家族的主人珠克是个酒鬼、赌徒、无赖，终生浑浑噩噩。他的子孙后代，三百多人是乞丐、流浪汉，四百多人因酗酒致残或死亡，六十多人犯过诈骗、盗窃罪，七人是杀人犯，后代中没有一个是有出息的。

可见，一个家庭或家族，其家风的好与坏、正与邪，那是有长远影响力的，那是有强大渗透力的，它会长远地影响到许多代后人的成长。

所以，在家庭中，重视家风的建设与传扬，让孩子从小生活在优秀家风之下，应该是每位父母都要为之努力的目标。你的家庭要形成良好的家风，就要从现在做起，从自己做起。请你立刻这样做：从建立家庭开始，你需要召开一个全体家庭成员会议，讨论制定一个全体成员同意的家规。从我国优良的传统道德和古代家训、家风中，特别是从许许多多的革命家庭中，结合我们现代社会生活和家庭美德的要求，我们可以认识到，一个文明、和谐、健康、向上的家风，一般说要包括以下几个方面的内容：尊老爱幼的风尚、孝敬父母的风尚、勤俭持家的风尚、诚实守信的风尚、勤奋好学的风尚。

最后，也是最重要的一点是：你首先要带头执行，才能让你的子女继承这个家规。你要知道，一个良好的家风需要几代人的努力，但一旦形成，就会创造幸福家庭，世代受益不尽。

家庭好的小孩，才能往正确的方向跑

家庭好的小孩，见识过美好的感情，体会过健康的爱，接受过优秀的教育，很容易就往正确的方向跑。而在不好的家庭中长大的孩子，不知道什么是好的，就要花很大力气去踢开那些糟糕的，花很多时间去碰壁，才知道哪条路，是对的。

▶▶ 世上最好的家就是爸爸爱妈妈

家庭生活中，夫妻关系是构成家庭关系的基础。当家庭的基本关系不和谐时，那么其他的关系也就无法发展好，一系列问题也会随之产生。比如，夫妻关系如果比较融洽，那么对孩子就更有耐心，能给孩子创造更加和谐的成长环境，并合力教育好孩子；而夫妻如果成天吵架，只会给孩子造成心灵创伤和阴影，不利于孩子的个性成长。

引用网络上的一句话说就是："一个爸爸对孩子最好的爱，就是好好疼爱孩子的妈妈；一个妈妈对孩子最好的爱，就是欣赏并推崇孩子的爸爸！"相亲相爱的家庭才能营造出最有利于孩子成长的教育气氛。

因此，任何时候，我们都应该将夫妻关系列为最重要的一部分来对待。

将夫妻关系放在亲子关系之前

人们常说"孩子是夫妻间感情的纽带"，不过，现实情况却是——很多原本恩爱的二人世界因孩子而毁灭。伴随着孩子的出生，不仅两个人的业余时间全被孩子所侵占，就连说个甜言蜜语也往往会被孩子的哭声打断。生活就只剩下做不完的家务活儿，到处弥漫着宝宝的奶香味和尿骚味，房间里也乱糟糟的。接下来，孩子长大一点了，又要考虑孩子的教育问题……如果长期这样下去，孩子无意中成了"第三者"，夫妻感情自然会渐渐淡漠。

其实，问题并非出在孩子身上，而是因为这些人在有了孩子以后，对待婚姻生活的心态发生了改变，对婚姻的浪漫缺乏了主动性；又或者他们将精力全都放到了孩子身上，而忽视了对婚姻生活的经营。

这不仅不利于夫妻关系的融洽，对孩子的成长也并不是有益状态。稳固的父母关系，会帮助男孩成长为男人，女孩成长为女人。而如果一味以孩子为中心，则会导致孩子自私甚至产生恋父或者恋母情结。

当然，以夫妻关系为首，并不意味着忽视其他关系的存在。事实上，聪明智慧、热爱生活的夫妻面对孩子的到来，总会制造出更多的机会，向对方表白："我对你的爱没有变。我爱我们的孩子，更爱你。"

在孩子面前正确诠释夫妻之爱

许多人认为只有父子之爱、母子之爱才是光明正大的，而夫妻之爱是不能登大雅之堂的——"不能让孩子看见我们怎么怎么，那影响多不好！"但事实上，对孩子来讲，父母之间感情深厚，内心才会有安全感，智商和情商也会得到激发。而且，孩子最大的特点就是会模仿大人的言行。夫妻之间的相处模式，会一点一滴地渗透到孩子的心里，影响孩子的择偶标准、婚恋价值观甚至以后的自己的婚姻相处模式。

因此，作为父母，我们自己必须要有一种正确的爱的观念：夫妻之爱是积极、健康的一种关系，为什么不能在孩子面前表现？在孩子面前夫妻双方可以表现出互相关心、互相尊重，并适当地表现出拥抱和接吻等亲密行为，这样孩子内心才会有强大的安全感。这其实也是给孩子上的第一堂关于"爱"的课——在满满的爱意的原生家庭中长大的孩子，也拥有更多驾驭爱的能力。

▶▶ "让孩子像野花一样自然生长"

许多父母，从孩子一出生开始，就进入了紧张状态，不管是日常生活，还是择校就业，每一样似乎都放心不下，唯恐有所疏漏地替孩子做好万全准备。

无可否认，这样做是出于爱，但这种爱是指向分离的。真正爱孩子的父母，应该是支持孩子建立起照顾自己人生的能力，将来既能够自己去争取幸福，又能够承受人生必然要经历的磨难和困苦。而且，我们真的能保护孩子一辈子、为孩子规划一辈子吗？不要说一辈子，我们能设想 10 年甚至 20 年后孩子的样子吗？谁又能预知未来？孩子，正因为他们是孩子，他们有广阔的天空，他们有无限的可能。过分保护、干预，其实是剥夺孩子的选择，削弱他们的力量，束缚他们的无限可能性。

正如儿童文学家冰心所说"让孩子像野花一样自然生长"，孩子一定要有一个有利于锻炼自己能力、适宜自己成长的宽松环境，然后在这个宽松环境中，发挥潜能，努力创造，最终赢得一个辉煌的未来。

物理环境：从温室到大自然

大自然是孩子活动、生活、学习的最好场所和课堂，在大自然中，孩子们的各种能力可以得到有效促进，注意力、观察力、记忆力、想象力、逻辑能力以及语言表达能力都会有所提高，智商也会因此提升上去。

因此，家长可通过各种活动，多带孩子到大自然中去：观赏各种树木花卉，区分它们的异同，了解植物与环境的关系；看看动物的不同形态，分辨他们的外形特征和生活习性；采集种子，捕捉昆虫，制作标本；仰望蓝天上变幻多端、漂亮浮动的白云……认识事物越多，想象的基础就越宽广，就越有可能触发新的灵感，产生新的想法。那种只想把孩子关在家里，只想让孩子写字、画画、背诗的方法，只会把孩子培养成书呆子。

另外，大自然给予孩子自由跑跳的条件，满足了孩子活泼好动的要求，既促进他们机体动作的协调发展，又刺激其大脑健康发育，同时还促进了心理健康。走出"温室"来到大自然中，还可以让孩子呼吸到新鲜的空气，接受阳光的天然沐浴，既增强了孩子与大自然的接触，又提高了他们身体的适应力和抵抗力，增强了体质。总之，让孩子走进大自然，接受大自然的洗礼，对孩子益处多多。

心理环境：从圈养到放养

这里"放养"孩子的真正意义就是：要尊重孩子的个性和人格，尊重孩子的兴趣和爱好，营造一种民主和谐、充满人文关怀、崇尚个性，追求独特风格与创新精神的文化氛围，只有这样，才能使孩子处于一种愉悦的心理状态中，促进孩子的个性化学习。

原中国外交部长李肇星的夫人秦小梅女士曾经说过这样的一件

事：她的儿子李禾禾在上学前班前，曾经学过一年的绘画，没想到他在学前班画的毛笔画《小蝌蚪找妈妈》竟得了少年儿童绘画比赛二等奖，于是她在高兴之余便肯认为儿子一定会在绘画上有所发展。但经过一段时间的观察发现，禾禾的心思并不在绘画上，于是她也就没再勉强他学画画了。没料到的是，禾禾上小学三年级时突然喜欢上了数学，自己还报了奥林匹克数学班，每个星期天不用她督促，禾禾自己就会从东城骑着自行车去西城的奥校上课，而且风雨无阻。后来的数学成绩特别好，直到他凭借自己的努力以优异的成绩考上了北京四中。

应该说秦小梅女士这种对孩子看似是"放任自流"的做法是对的。很多时候，你设定的"指标"不一定是孩子想要努力的方向，随着孩子自我世界的逐步发展与完善，他们往往会主动寻找自己的兴趣、意愿。对此，父母应该审时度势，尊重孩子的意愿，给他们提供相应的条件，帮助其成才。

事实上，"有意栽花花不成，无心插柳柳成荫"的现象并不少见。如果你只知一味地以自己的喜好来强迫压制孩子，就有可能使孩子产生逆反心理，严重的还会影响你和孩子间的关系。因此，多听听孩子的想法吧，你的开明程度有时在某种意义上就决定了孩子的发展程度。

当然，这并不是说要孩子信马由缰、放任自流。作为家长，指导的责任和义务也是责无旁贷的，但我们要做的只是适时的引导，在他们需要时提供必要的帮助，而非全权代理。

总之，为了孩子明天能够更加适应社会，更加有机会、有能力创造自己的美好未来，遵从孩子们的心声吧，让他们像野花一样自由自在地生长。不经风雨怎么见彩虹，只有让孩子打开眼界，经历必要的风雨洗礼，在风雨中磨砺好他们的"翅膀"，他们才有可能、有能力在高空中迎风起舞，展翅飞翔。

➤➤ 教育的使命是激发孩子的独特天赋

根据生物学、生理学、心理学等学科的研究，每个孩子从诞生之日起，本身已经具备了成就自己的所有可能——潜能——他们所拥有内在自我成长的动力、能力、秩序……就如一粒种子，只要让它生根发芽，任何孩子都可以成为某一些方面或几方面的天才。

遗憾的是，在这个本来可以让孩子接受更好教育的现代社会，反而最终把孩子从原创、孤品变成山寨、赝品，从自然人变成人造人。我们不断地以"爱"的名义，通过控制、束缚、灌输、强迫的方式，压制了孩子的思想，扼杀了孩子的天性，规划了孩子的人生，塑造了孩子的灵魂。这样教育出来的孩子只能是不快乐的、呆板的、自私的、甚至素质低下的。

其实，正如世界上没有两片完全相同的树叶一样，每个孩子也都有自己独一无二的天赋，并且它只能从内部唤醒并获得，不是从外部学习而来。对于每个家长来说，我们需要做的，就是尽可能给孩子创造一个适宜生长的环境——一个充满爱和自由的环境——让孩子成为他们本来就是的天才。

发现孩子的天赋所在，并在它长成参天大树之前，小心看护、用心浇灌，这才是家庭教育的使命。

抛弃以偏概全的"一维"的评价模式

不可否认，现在仍有许多父母认为，孩子如果学习成绩好，就是优秀的孩子，将来就有出息；反之，如果成绩不好，不管其他方面怎样，将来也一定没有什么大发展。

如果你还存有这种以偏概全的"一维"的评价模式，现实会狠狠给你一耳光：达尔文——生物进化论的创始人，他在自传上说："小时候所有的老师和长辈都认为我资质平庸，我与聪明是沾不上边"；牛顿——万有引力定律的发明人，经典力学的创始人，最伟大的物理学家之一，他在小学时的成绩是一团糟；爱因斯坦——相对论的发明者，被誉为20世纪最聪明的人，他四岁才说话，七岁才认字，老师说他："反应迟钝，不合群，满脑袋不切实际的幻想。"曾遭退学的命运，申请瑞士联邦技术学院时被拒绝；罗丹——文艺复兴时期最伟大的雕塑家，他的父亲曾怨叹有一个白痴的儿子，报考艺术学院考了三次没成功，他的叔叔说："孺子不可教也"；托尔斯泰——俄罗斯文学泰斗，著有《战争与和平》《复活》等传世之作，读大学时因为成绩太差而被退学，老师认为他既没有读书的头脑，又缺乏学习的意愿；丘吉尔——"二战"时期改写战争格局的英国首相，小学六年级遭留级……

现在，你还敢以孩子的分数"论英雄"吗？事实上，学业成绩主要考查的只是孩子两个方面的能力：逻辑思维能力和语言能力。而人的潜能是多方面的。在美国哈佛大学教授、心理学家加得纳提出的"多元智能理论"中我们可以看到，在多元智能框架中，相对独立存在着8种智能，它们分别是：语言智能、数理逻辑智能、音乐智能、视觉空间智能、身体运动智能、自省智能、人际交流智能和自然观察者智能。也就是说，人与人之间也许根本不存在智力水平上的差别，只有不同智力优势、组合与发展速度上的差异。

台湾著名作家林清玄也说：好孩子不是得第一名，而是被唤醒了内心的种子。也许孩子的课业成绩不理想，但可能在歌唱、棒球、篮球、田径等方面很拿手。

每个孩子都是天才，作为父母，不能只用一把尺子、一个标准去评价孩子，而要用更开放的眼光看待孩子的智力成长，造就出多领域的小天才。

抓住孩子各项潜能发育的敏感期

一粒种子什么时候发芽、什么时候开花、什么时候结果，是受时节影响的。孩子的成长也是如此，而孩子成长的时节就是孩子的"敏感期"。

如果父母可以在孩子潜能发育的敏感期，给孩子恰当的教育，为孩子提供某项技能和能力发展的环境和条件，孩子的天赋才能发展成为真正的能力。反之，如果儿童在敏感期内，生理和心理需求受到妨碍而无法得到恰当的发展，就会失去最佳时机，无论是能力还是智力都会受到很大的影响。比如，当儿童进入"细节敏感期"时，如果家人没能给他提供这方面的帮助，甚至强行阻断他的行为，那么长大后他很有可能会心粗如筛，成为"马大哈"。再比如，当儿童进入"关注大事物的敏感期"时，如果父母用抹杀，或是以爱的名义禁锢了他的正常成长，那么长大后他很有可能会眼光狭窄，成为"小气鬼"。……这样的例子不胜枚举，但是无一例外都会让刚刚进入敏感期的幼小心灵因为无法充分体会成长的美好，而变得胆小、孤僻、不再有勇气去探索未知。而且，如果你希望之后他重新获得这些东西，就只能通过思维的加工、主观的努力和不倦的研究，并且，即使儿童付出更大的心力，也很难达到本应取得的效果，最终只能成为儿童一生中难以磨灭掉的阴影。

可见，敏感期对于孩子来说有多重要！所以，在儿童成长过程中的每个敏感期内，我们都应该扮演好看护者的角色，根据孩子的敏感期，给予孩子正确的引导和帮助。

幼儿教育家蒙台梭利根据幼儿发育特征，将幼儿敏感期归纳出下列9种，分别是：

1. 语言敏感期

这个敏感期对应的年龄是 0 ~ 6 岁，确切说是 1.5 ~ 2.5 岁。这个时期，幼儿开始注视大人说话的嘴形，并发出牙牙学语声。学习语言对成人来说是件困难的事，但对幼儿来说，则不是很难的事，就是因为幼儿具有自然赋予的语言敏感力。

在这一时期，父母应经常和孩子说话，给孩子讲故事。和孩子沟通时多用"反问"的方式，以加强孩子的表达能力，让孩子学会与人交流。

2. 秩序敏感期

秩序敏感期对应的年龄是 2 ~ 4 岁。孩子通常需要一个稳定的有秩序的环境来帮助他认识事物、发展对各种关系的知觉，进而逐步建构起各种智能。如果他所熟悉的有秩序的环境消失，他会表现出无所适从的样子，并会为此哭泣，甚至大发脾气。

正是基于此，在这个阶段大人要给孩子提供一个稳定的有序的环境，以促进孩子认识事物，建立起对各种关系的知觉。

3. 感官敏感期

感官敏感期对应的年龄是 0 ~ 6 岁。孩子从出生的那一刻起，就会凭借自己的耳朵、眼睛、身体等感官来"感知"外界，了解环境。3 ~ 6 岁阶段，孩子的这个"感知"升华到一个新阶段，可以凭借感官来分析、判断环境里的事物。

在这个阶段，大人要注意随机引导孩子运用五官来感知周围事物。在孩子充满探索欲望而采取行动时，只要是不具有危险性或不侵犯他人给他人造成不便时，应尽可能满足孩子的需求，以帮助孩子更好地凭借感官"认识"这个世界。

4. 细微事物敏感期

这个敏感期对应的年龄段是 1.5 ~ 4 岁。大人总是会忽略周围环境中的微小事物，但是孩子却不会，他们常被微小事物所黏住目光，并常常因此会观察半天。所以，当发现孩子被微小的事物所吸引时，不要急着拉孩子走开，而是要陪着孩子仔细认真观察，这对培养孩子观察力，做事细心、耐心、认真度有着莫大的好处。

5. 动作敏感期

可以分为大肌肉动作敏感期和小肌肉动作敏感期，大肌肉动作敏感期对应的年龄是 1~2 岁，小肌肉动作敏感期对应的年龄是 1.5~3 岁。2 岁左右，多数孩子学会了走路，进入了活泼好动的时期。这个时候，大人应充分让孩子活动，并保证动作的科学性，以刺激左、右大脑均衡发育，这属于大肌肉动作训练。

除了大肌肉动作训练外，还要进行小肌肉动作练习，小肌肉动作训练即手眼协调的细微动作的训练，大人要有意识给孩子提供多种机会以锻炼孩子动作的协调性，提高孩子动作能力，发展孩子运动智商。

6. 社会规范敏感期

这个敏感期对应的年龄是 2.5 ~ 6 岁。在这个阶段，孩子喜欢结交朋友，对群体活动有浓厚兴趣。大人要及时发现孩子的这一变化，在日常生活中与孩子建立明确的生活规范、日常礼仪，并努力遵守，以帮助孩子更好地遵守社会规范，拥有自律的生活，以及和他人轻松交往。

在这个阶段，多数孩子进入幼儿园了，幼儿园是小朋友的天下，孩子可以在这里得到更好的这方面的锻炼。

7. 书写敏感期

这个敏感期对应的年龄是 3.5 ~ 4.5 岁。在这个阶段，孩子喜欢拿着各种笔到处写写画画，描绘自己的世界。大人要尽量满足孩子的这种书写欲望，不要干涉孩子的"涂鸦"艺术。

8. 阅读敏感期

这个敏感期对应的年龄是 4.5 ~ 5.5 岁。在这个阶段，多数孩子对图书有一种异乎寻常的喜好，虽然还不认识多少字，但喜欢拿着书装模作样地阅读。对此，大人要给予配合，可多准备一些适合孩子看的绘本，鼓励孩子阅读，使孩子养成爱读书的好习惯。

9. 文化敏感期

这个阶段对应的年龄是 6 ~ 9 岁。3 岁起，孩子开始对文化学习产生了兴趣，6 ~ 9 岁则出现想探究事物奥秘的强烈需求。大人要抓住这一有利时机，给孩子提供丰富的文化资讯，采取多种形式给予孩子各种教育。

实际上，除了上述这九种敏感期，有些学者通过研究、观察，再结合敏感期原理，又提出另外一些敏感期，比如 0 ~ 3 月是光感敏感期；4 ~ 7 月是味觉发育敏感期；4 ~ 12 月是口腔敏感期；6 ~ 12 月是手臂发育敏感期；1.6 ~ 3 岁是自我意识敏感期；3 ~ 4 岁是空间敏感期，也是色彩敏感期，还是逻辑思维敏感期；3.5 ~ 4.5 是追求完美敏感期；4 ~ 5 岁是性别敏感期；4 ~ 7 岁是绘画和音乐敏感期；4.5 ~ 7 岁是数学概念敏感期；5 ~ 7 岁是认字敏感期。

总之，每一位父母都应该对此有一个详细了解并深化认识，在充分尊重自然赋予孩子的一系列神圣行为与动作以及各种知觉的基础上，提供必要且有效的帮助，帮助孩子打好创造美好未来的基础。

▶▶ 孩子的生长环境关系他的情商高低

现如今，情商的重要性已经毋庸置疑。各种研究都表明，在任何领域里，情商都十分重要，甚至超过了智商。

虽然我们仍吃不准多大比例的情商是与生俱来的，但可以确定的是，比起智商来，情商更多是由后天培养的。尤其需要孩子在童年时期接受良好的情商教育。受过情商教育的儿童，会在人生较早的阶段就养成成功人士的高情商与成功习惯：他们举止更得体、能在烦躁时克制自己，而且注意力更易集中、能在交往中形成友好的人际关系，学习成绩也更好。

一般来说，对孩子情商的培养，包括无意影响和有意培养两种。

无意影响

孩子情商的高低，与他的生长环境有很大的关系，父母处世的方式往往会对孩子的成长造成巨大的影响。因此，要想培养出高情商的孩子，父母就要先成为高情商的人。

首先，在孩子面前保持理智。如果你遇到了不顺心的事，就忍不住发脾气、摔东西、歇斯底里，甚至拿孩子撒气。孩子从小见证父母"挫折——攻击"的情绪反应模式，久而久之，当然就有样学样，一不高兴也会"照方抓药"，用同样的反应模式来处理自己的情绪，因此极易形成缺乏涵养、性情暴躁，容易形成悲观的性格，失去对挫折的"抗寒"能力。

其次，与人和睦善良。向善的家庭培养出来的孩子，与人相处是友善的，为别人着想，也更容易得到群体的接纳与喜爱，孩子的情商和智商都能得到很好的发展和提升。如果一时做不到心平气和地沟通，那就请切记，大声的争吵一定要避开孩子。

第三，冷静处理问题。孩子对事情的诠释，常会被父母的反应所影响。在压力之下保持冷静，是最好的身教。孩子没考好，父母如临大敌："这下完了，我的孩子考砸了……"此时，孩子会从父母这个反应里学到："完蛋了！考得这么差，就要世界末日了。"没有父母作为表率，年幼的孩子如何去找到缓解压力及稳定情绪的力量？所以，面临压力的时候，示范给孩子看：你不需惊惶失措，而可以波澜不惊。

有意培养

父母能否从意志品质、自信心、人际交往、自控情绪和自我认知等方面对孩子有意识地引导和教育，会对孩子的人生产生重要的影响。

一个合格的情商教练会做以下五件事情：

第一，察觉孩子的情绪。孩子如同成人一样，他们的情绪背后有其原因。你应该经常关注孩子微妙的感情波动，当发现孩子有不明来由的生气或沮丧时，不妨停下脚步来了解他们生活中发生了什么事情，并且运用一些方法来引导孩子安全地表达各种情绪。

第二，认识到情绪是融洽亲子关系和调教孩子的机会。做好情商教练的关键在于，当孩子出现情绪时与孩子有效互动。现实生活中，一些父母试图忽视孩子的负面情绪，希望他们的情绪过去，但常发现效果不好。事实上，情绪的纾解需靠大人协助孩子澄清情绪、了解情绪，才不致使情绪扩大或恶化。比如，当孩子哭泣、悲伤时，可以恰当地告诉孩子："哭泣是不好的，悲伤会让人变得很丑。"再比如，当孩子在失败后还面带微笑时，告诉孩子："宝贝，你很乐观，你是最棒的！"孩子将来会面对人生的诸多曲折、难题，正确的对策是尽力去解决它。在这个过程中，既教育了孩子，又融洽了你们之间的亲子关系，何乐而不为呢？

第三，用同理心倾听，认可孩子的情绪感受。大人们在日常生活中难免有些不如意，孩子也未尝不是如此，他们此刻最需要的是有人能了解他们，有人能倾听他们，有人能给予情感的接纳和支持，而不是太快、太早地提供意见，也不是一味地安抚、宽慰。父母应该做的是，引导孩子把压抑在心里的话说出来，即使是哭出来，也能在大程度上解决问题，别让孩子把伤痕进埋在心底，成为胸口永远的痛。然后你会发现当孩子向自己倾吐后，他们不仅在情绪上雨过天晴，在想法上找到问题的原因，而且在行动上也找到了解决的办法。

第四，帮助孩子找到表达情绪的词语。能够表达清楚自己的感情，孩子能更好地与人交流。因此，教会孩子明白一些具体的词汇，如"失落""内疚""孤立"等，有助于你的孩子从一种混乱的恐惧感情状态中走出来，进入正常的可以说明白的生活状态。或许他就会自言自语，自我安慰："小鹏想让我忌妒他，我才不呢，我要离开这里。"

第五，引导孩子找到解决方案。孩子一旦了解到他感情的来源所在，感情的问题也就比较容易解决了。他可能会认识到自己感觉寂寞的原因是小朋友不愿和自己玩，而不只是自己感觉"很糟"。你可以帮助孩子寻求下面的解决方案：让他给朋友打个电话，或者去拜访邻居。他下一次感到寂寞时，就可能会利用这些思想来解决问题，不再需要依靠你的帮助了。

在此我们引用高尔基的一句话："爱护自己的孩子，这是母鸡都会做的，但要教育好孩子，却是一门艺术。"给孩子的情感世界提供引导，是每个家长应该也必须要学会的本领，这样你才可以放心放手，让孩子带着坚定的自信和自足去面对未来生活的挑战。

▶▶ 管教上，家庭成员齐心一致最重要

当你有一只手表时，你可以知道现在是几点钟；但当你同时拥有两只表时，你是不是往往无法确定时间？对孩子的教育也是一样，如果爸爸妈妈同时采用两种不同的方法，设置两个不同的目标，提出两个不同的要求，这就会使孩子无所适从，甚至行为陷于混乱。尤其是当孩子犯了错误，父母中的一方责罚他，另一方袒护他时，孩子就会本能地寻找庇护。久而久之，孩子就会形成惯性思维——"总会有人来帮我，即便我做错了事"。这样的孩子成人后，很容易见了困难就绕着走或者依赖别人，办了错事也为自己开脱，没有责任感。

然而，有不少家庭的父母在教育孩子的过程中，经常发生观念冲突、内容矛盾、方法不同的情况。他们相互间很少商量，各行其是，甚至各执己见，在孩子面前争吵，还有的父母当孩子有点成绩就彼此争"功"，孩子有了问题就互相推诿。这些都造成了家庭教育的不一致，影响了教育效果。

那么父母应该怎样做，才能在对孩子的教育中达到协调一致呢？

首先，对孩子所提的要求要一致，最好采取"父唱母随"或"母唱父随"的方法。

为避免各行其是对孩子带来的不良影响，家长就要统一口径，对孩子提出一致的要求。即爸爸、妈妈不能当着孩子的面"唱反调"，在孩子面前，在任何情况下都要表现出相互支持。这就要求家长在教育孩子的时候，对孩子前后要求一致，这样不仅有助于让孩子养

成良好的习惯，而且有助于减少孩子的反抗情绪，让孩子心悦诚服地接受家长的教育。

其次，私下化解分歧和矛盾。

事实上，再怎么沟通，遇到事情时也不能达到百分之百的一致，当爸爸妈妈两边对孩子的行为表达出不一致意见时，怎么办呢？一个最重要的原则就是这种分歧千万不要让孩子看出来，即任何时候都不能当着孩子的面指责对方，有什么分歧和矛盾要私下化解，达成一致意见，这样才能教育好孩子。如果夫妻两人实在无法达成一致，那可以通过阅读书籍，或参加家庭教育辅导班来学习，借"权威"来调整两个人的不科学观点，从而对孩子做出最有益的教育。

最该接受教育的不是孩子，而是我们

日本作家伊坂幸太郎说，"一想到为人父母居然不用经过考试，就觉得真是太可怕了。"确实如此，司机要考驾照，老师要考教师资格证，医生要考医师证，律师要考律师证，建筑师要考建筑证……各行各业，好像都要有资格证才能上岗，才能走得更远。却没有一场考试是针对父母的，没人在夫妻备孕时去测验他们的能力、资格、耐心、精力。但是，当父母却是世上最难、责任最大的职业。如果父母的认知上不去，思维局限化，短视化，怎么可能教育好孩子。

从这个意义上来说，中国最该接受教育的不是孩子，而恰恰应该是我们自己。多学习了解一些理论知识丰富育儿常识，多观察孩子的生活细节，了解孩子的心理变化和生理变化，通过学习观察，让自己慢慢变成合格的父母。

▶▶ 家教的最大问题是对孩子内心的无知

家长总是竭力为孩子创造丰富的物质条件，并想当然地认为他应该健康快乐的成长。但是，在养育孩子这件事上，却不是一分努力就会得到一分收获。随着孩子年龄的增长，越来越多的问题呈现出来：淘气、任性、什么都要自己来、跟大人对着干、不让他做什么他偏要做什么，甚至说谎、撒泼、乱发脾气和不懂感恩……许多父母为此苦恼不已，却找不到行之有效的解决方法。

其实，这里最大的问题莫过于对孩子内心的无知。事实上，我们现在所发现的孩子身上这样那样的问题，正是由于他的心理需求没有得到满足的结果。例如，现在的孩子早恋越来越早，越来越多，一个重要的原因就是孩子在婴儿期的心理需求未满足。0 ~ 3个月时，孩子会挑选一个人作为自己的"重要他人"，让他有"被无条件地接纳和我最重要"的感受。这个人可能是妈妈或爸爸，也可以是爷爷奶奶、姥姥姥爷。如果他的这个心理需求没有得到满足，那么他就会用一生的时间，去寻觅自己生命中的重要他人来满足自己的这个需求，其行为就可能表现为早恋。

其实，在孩子成长的每一个阶段，都会出现不同的问题，而每一个问题都与其心理、成长特点有关。只有学会从孩子心理成长的角度出发，关注他们的内心世界，那么，你的"爱"于他们而言才会是一件幸事！

不过，很多时候，即使我们有心，也常常感觉无力——因为孩子的心不仅隔着他们的小肚皮，还隔着他们往往言不由衷、词不达意的言语，纯真无邪、与成人迥异的稚嫩思想，以及他们相对狭窄的生活范围。

但你要知道，无论是有意还是无意，人的一切行为都是心理的映射，儿童也是一样。著名的心理学家弗洛伊德就曾经说过：任何人都无法保守他内心的秘密，即使他的嘴巴保持沉默，但他的指尖却喋喋不休，甚至他的每一个毛孔都会背叛他。只要我们在生活中多多留意观察孩子，对孩子多些关注，很多问题都是能够被扼杀在萌芽状态的。

例如，下面这位妈妈就做得很好："如果孩子放学回家，可能脸上带着几丝不高兴，我就会想，孩子在学校是不是碰到什么不开

心的事情了？然后做饭时，我就会特意给孩子做几个好吃的菜。等
吃完饭后，我就会找孩子聊聊天，找出问题所在，开导开导孩子；
如果孩子从外面回来，神色很兴奋，很激动，我就会想：孩子是不
是碰到什么高兴的事儿？趁着孩子兴奋，我就会跟他凑凑热闹，问
东问西。这时候，孩子往往也会毫无保留地告诉我。就这样，通过
对孩子行为、表情、动作等方面的观察，孩子最新的动态，尽在我
的掌握之中。我也能对孩子的成长做到心中有数，在对孩子进行教
育引导，就容易多了！"

我们也可以把这个妈妈的经验很好的借鉴过来。我们可以从孩
子的语言中感知他的情绪变化，也可从他做事的时候分析情绪的好
坏。例如，一个很爱说话的孩子突然之间很安静，或者平时交流的
时候很融洽，突然之间在说话的时候带着不耐烦、反感、无奈等情绪，
就需要去分析孩子是不是在某些地方遇到了不高兴的事情。心情好
的时候做什么事情都会很认真，而心情不好的时候做什么事情都做
得不是很好，总是心不在焉的甚至还会掺杂这一些发泄暴力等现象。
作为每天都与孩子接触的成人来说，看到孩子情绪不好的时候，应
该主动帮助分析原因。很多时候他都不愿意说，你就要从朋友的角
度来开导，或者在语言上给一些安慰，或者带他出去玩乐一下，又
或者给他一件喜欢的礼物。

当我们随时带着发现和观察的眼光去找出孩子身上的那些问
题，及时引导他远离这些问题时，就能让孩子沿着正确的生活轨迹
快乐地成长了。

▶▶ 爱孩子，更要"会"爱孩子

天下间，不爱孩子的父母，你可能找不到，但不会爱孩了的父

母却比比皆是。许多父母因为"爱",过度保护孩子、放纵孩子；许多父母因为"爱"，只关注孩子的学业，而忽视了孩子的精神世界；许多父母因为"爱"，无意中成为了孩子的奴仆。但结果呢？这种"爱"让孩子变得懦弱、贪婪、消极、跋扈……相信这绝不是我们爱孩子的初衷。

所以说，我们不仅要爱孩子，更要"会"爱孩子。

该满足时满足，该克制时克制

如今条件好多了，孩子又往往是独根独苗，因此，许多父母总是尽其所能地从各方面满足孩子的需求，包括一些不必要的甚至是无理的要求，代替孩子完成一些理应由他们自己完成的事，如做作业、干家务、值日扫地，等等。但把一切都管到往往就会变成专制，缺乏民主的精神。让孩子在溺爱中，同时又是在管制中生活，这很容易产生心理上的不健康。要知道，孩子尤其需要一种自在状态。在允许的范围内根据孩子自身的实际情况，以孩子能够接受的方式，既给予他锻炼的机会、发展的空间，又不让他有被忽视或者被逼迫的感觉，这才是正确的爱。

该保护时保护，该放手时放手

现在，很多父母有这样的想法："我们的童年过得很艰辛，再不能让孩子经受我们的那些磨难了。"因而对于孩子在生活中遇到的各种困难，他们总是忍不住要伸出帮助之手。可是他们想不到的是，这样做表面是在帮孩子，其实却可能害了孩子。一位美国儿童心理学家就曾说过这样一句话："有十分幸福童年的人常有不幸的成年。"而事实上也有许多很少遭受挫折的孩子长大以后会因不适应激烈竞争和复杂多变的社会而深感痛苦。

其实，孩子早晚都要自己面对激烈的社会竞争，这是一个人成长的必然规律。最明智的做法其实是，该保护时保护，该放手时放手，尽早让孩子学会自己应付挫折。

至于何时保护何时放手，这个度的把握需要家长们自己很好的摸索一下。因为孩子的年龄、性格、发展速度、家庭环境、成长经历的不同，导致界定尺度是不一样的。例如，1岁的宝宝被攻击，父母肯定需要快速做出反应，防止宝宝受到伤害。当然，前提是要温和而平静的处理问题。但是如果是3岁的宝宝被攻击，父母就可以视情况而定，在保证安全的情况下，给孩子一些自我处理问题的时间和空间。但是事后，还需要父母给予一些安慰和保护，多给一些引导和鼓励。我们要在适度保护孩子的同时给予他们足够的关注和爱护，让他们从父母身上获得足够的心理能量与心灵激励，更加勇敢的走向外面的世界，更加智慧的面对外面的风雨。

该重视时重视，该忽视时忽视

溺爱孩子的父母，往往更偏重智力教育，给孩子设定过高的期望值，而忽略了智力以外的心理素质的培养。例如，有人就曾对上海市区的部分家长做过一项调查，结果显示：77.9%的父母希望自己的孩子达到大专及大专以上学历，而对于孩子的职业，91.8%的父母希望自己的孩子从事脑力劳动。

不可否认，父母这样做无疑是出于对孩子的爱，对孩子寄予期望也是情理之中，是可以理解的。但是，他们忽略了这样一条重要的原则，那就是：一旦父母的期望标准背离了社会需要和孩子身心发展的内在规律，让孩子觉得目标可望而不可即时，就会严重影响孩子的性格发展和身心健康。

听听孩子的心声："因为我是菊花，所以请别让我在夏天开放；因为我是白杨，所以请别指望从我身上摘下松子。"我们应该有平和的心态，适当降低对孩子的期望值，给孩子减少压力，根据实际情况和孩子一起制订合适的奋斗目标。

▶▶ 良好的亲子沟通胜过任何教育方式

沟通，是常常被父母所忽略的一种最基本的教育方式，而最基本的往往也恰恰是最重要的。因为好的沟通可以维系好的亲子关系，关系好了，孩子自然接纳父母的建议和教诲。

那么怎样才算是好的沟通呢？

要点一：少说话

一说到沟通，首先让人想到的可能就是语言，因此许多家长往往以为自己说了很多话就是沟通，就是爱。其实恰恰相反，好沟通的第一个要点偏偏是少说话。事实上，当家长不了解孩子的时候，说得越多错得越多，情绪越多，对亲子关系的破坏就越严重。多听听孩子的想法，才能与孩子交心谈心。

要点二：双方面

在传统观念中，父母与孩子的关系是上对下，动不动就是"老子说了算""父母之命"的单方面传达。可沟通却应该是双方面的。孩子虽然是父母所生所养的，但并不是父母的私有财产，也不是父母的宠物和玩具。孩子也是人，一个独立的人，他们有自己的理想、兴趣、爱好和追求。正如著名教育家马卡连柯所说过："要尽量地要求一个人，也要尽可能地尊重一个人。"淡化父母的角色意识，与孩子建立平等、健康、友善的关系，亲子间才会出现和睦顺畅的沟通渠道。

要点三：同理心

站在不同的位置会看到不同的风景，处于不同的立场会产生不同的观念。每次当孩子不听话或是犯了错误的时候，如果大人都能蹲下来和孩子说话，孩子的内心得到了尊重，也就能听进去教育和建议了。不过，这可不能只讲求形式，父母在和孩子沟通的时候，不仅身体要蹲下来，心灵也应该蹲下来。将自己的心也放到和孩子同一水平，孩子才会看到父母的诚意，乐意将自己的心情和困惑与父母交流，这样才会减少父母了解孩子的困难，及时发现孩子的问题，给予孩子适当的帮助。

▶▶ 金钱补偿不了缺失的亲情

现代社会，许多父母选择把金钱上的宽松当作没时间陪伴孩子的补偿，把经济上的富裕当作给孩子心灵上的慰藉。

但过度以物质的方式来代替爱的补偿，并不是一种好方法。这会让孩子误以为，父母最看重的是钱，不是自己。与此同时，他们也会不自觉地把物质看做是至高无上的，从而会在心中形成一种扭曲的认识。

其实，工作的忙碌和孩子对父爱、母爱的需求，这两者之间的矛盾并非不可调和。只要你永远都把满足孩子的情感需求放在第一位，那么，孩子一样可以感受到来自亲情的温暖。你可以从以下几个方面做起：

事先讲明

孩子的成长最需要的是父母的陪伴，尤其是在孩子幼小的时候，通过朝夕相处的陪伴、日复一日的交流，孩子与父母建立起亲密的依恋，建立起安全感，这是孩子健康成长最重要的基础。如果你工作真的很忙，在不能陪伴孩子的时候最好先跟孩子讲明，告诉孩子自己现在正在忙些什么事情。例如，你不妨告诉孩子："爸爸（妈妈）真的好想陪你一起做游戏，一起读书，一起散步，可爸爸（妈妈）有非常重要的事情去做，等爸爸（妈妈）忙完后，咱们一起去玩好吗？"这样做，可以让孩子知道，无论何时你都在惦记着他。哪怕他睡着了，第二天也要告诉他，爸爸妈妈看你睡得好熟就没打扰，但我们真的很爱你。

与孩子保持联系

通过电话或是录音的方式跟孩子沟通，是增进亲子感情的保鲜剂，能让孩子感受到父母五十无处不在的关注和爱抚。

其实，没有哪个父母愿意和孩子分离，如果出于客观原因，必须要和孩子经常分离，就要想办法降低孩子在感情上的失落，与孩子保持联系就是一个好办法。比如在早出晚归没机会与孩子交谈时用小纸条给孩子留言，出差在外时给孩子写信、打电话，把陪孩子一起做某件他感兴趣的事作为一个重要事项安排进自己的时间表，在孩子有问题时给他以关怀和指导……总之，要让孩子感觉到你对他的重视和关心，感觉到你永远是他坚强的后盾。这样，你一样可以成为孩子心目中最重要、最值得信赖的人。

千万不要有敷衍态度

许多父母会有这样的疑惑：我把工作之余的时间都用来陪伴孩子了，为什么孩子还总说我不爱他？其实这就要我们反省一下自己陪伴孩子时的心态了——千万不要有"敷衍"的心态。如果你把精力放在手机、电视、音乐或其他杂事上，心不在焉地跟他们对话，他们是会感觉出来的。

一定要让孩子知道你和他在一起时有多高兴。因为对孩子来说，对他最大的肯定就是父母因为跟他们在一起而感到快乐和骄傲。放下手机，关掉电视，蹲下来和孩子一起游戏、一起哈哈大笑、一起放声高唱……所有的这些小事都会给孩子的心灵留下美好的感觉，让他知道你是多么投入、多么爱他。

缺少了这些，即使给他们买再贵重的东西，再多的辅导书，送他们去再高档的辅导班，都不会对他们更有帮助，因为心灵上的需求是金钱买不到的。即使孩子自己在家一直到夜深，父母中途打个电话嘘寒问暖，或者晚归时从怀里给他掏出一个热乎乎的烤红薯，都比带他们去必胜客狂撮一顿更让他们觉得温暖。

|第二章|
有爱的家——在爱中长大的孩子
才懂得如何去爱

教育要建立在爱的情感之上。在爱中长大的孩子，在感受"爱"和享受"爱"的同时，也会不由自主地充当起爱的"传递器"，将自身感受到和享受到的"爱"播散出去，让他人也接受"爱"的沐浴。而且，更重要的是，当他们置身于不良榜样的环境中时，我们才有可能用正确的观点与做法对他们产生最深刻、最久远的影响力。

温馨的家庭氛围让爱自然萌发

美国著名儿童教育家多蒙茜·洛·诺尔特在《孩子们从生活中学习》中写道：

如果一个孩子生活在批评之中，他就学会了谴责。

如果一个孩子生活在敌意之中，他就学会了争斗。

如果一个孩子生活在恐惧之中，他就学会了忧虑。

如果一个孩子生活在怜悯之中，他就学会了自责。

如果一个孩子生活在讽刺之中，他就学会了害羞。

如果一个孩子生活在嫉妒之中，他就学会了嫉妒。

如果一个孩子生活在耻辱之中，他就学会了负罪感。

如果一个孩子生活在鼓励之中，他就学会了自信。

如果一个孩子生活在忍耐之中，他就学会了耐心。

如果一个孩子生活在表扬之中，他就学会了感激。

如果一个孩子生活在接受之中，他就学会了爱。

如果一个孩子生活在认可之中，他就学会了自爱。

如果一个孩子生活在承认之中，他就学会了要有一个目标。

如果一个孩子生活在分享之中，他就学会了慷慨。

如果一个孩子生活在诚实和正直之中，他就学会了真理和公正。

如果一个孩子生活在安全之中，他就学会了相信自己和周围的人。

如果一个孩子生活在友爱之中，他就学会了这世界是生活的好地方。

如果一个孩子生活在真诚之中，他就学会了头脑平静地生活。

而一个孩子自出生后，从小到大，几乎有三分之二的时间生活在家庭之中。一个充满关爱与温馨的家庭氛围，才会让爱在孩子心中自然萌发。

▶▶ 爱，就要大胆"说"出来

让孩子感知爱的方式中，语言是最直接的。

在孩子小的时候，父母的"爱语"总是随口而出："妈妈的好宝贝，妈妈爱你！""你是爸爸最爱的人，对爸爸最重要。"随着孩子逐渐长大，许多父母转而换上了严肃的表情和苛刻的话语，他们希望能用这种严肃的方式帮助孩子克服困难、纠正错误。

虽然爱是自始至终都在的，但方式却有些欠妥。其实，你只需要随着孩子的成长而变化一下具体形式就可以了。例如，你可以用一些更含蓄的话语来表达："你这样做让爸爸妈妈感到很开心。""爸爸妈妈很欣赏你的这种行为。"等等，这样的话同样会让孩子感到父母的爱，同时，对他们还会起到一种鼓励作用，让他们更加努力。等孩子再大一些后，他们对很多事情都有了自己的理解和感悟，对爱的理解也更为深入，这时，父母对孩子的爱的表达可以更为深刻一些，比如，当孩子遭遇挫折时，和孩子进行一次长谈，表达出自己的关心之情，会让孩子感受到来自父母的深沉的爱。

　　当然，对孩子爱的表达方式丰富多彩，并不仅仅限于语言，其他方式也可以，比如可以通过微信、短信、电话表达自己的关心，一个拥抱、一个眼神、一顿可口的晚餐，亦传递出深深的爱。孩子也会心领神会，深刻感知父母对自己的爱。

　　另外，不只是亲子关系，其他家庭成员之间相亲相爱，也有利于孩子情感的细腻、全面发展。虽然任何家庭都会有矛盾、有争吵，但作为父母，我们还是应该尽量不要把矛盾和争吵暴露在孩子面前，不能因此对孩子造成伤害，尤其不要把孩子当作出气筒。孩子年龄小，内心比较脆弱，缺乏安全感，家庭的矛盾和冲突会给孩子造成难以想象的心灵伤害。

▶▶ 让孩子在任何时刻都感受到爱

　　我们爱孩子，但很多时候这种爱是有条件的。比如孩子刚生下来的时候，我们会说："只要健康就好！"可随着孩子的慢慢成长，每每孩子让我们感到不满意的时候，我们就会生气地训斥孩子，"你再哭，再哭妈妈就不要你了！""你怎么把家里弄得这么乱啊？赶紧收拾一下，要不妈妈不爱你了！""好好吃饭，不准乱说话，否则明天就不带你去游乐园！""乖乖写作业去，不听话妈妈就不疼你了！"……只要孩子达不到我们的要求，我们就会开始喋喋不休地指责与训斥，全然不见了曾经的满足与爱意。

　　我们爱的方式会告诉孩子：爸爸妈妈并不会无缘无故地爱我，哪怕我本身并不乐意，都必须让他们满意，我的行为必须合乎他们的要求，他们才会爱我！

　　这种有条件的爱，对孩子的成长来说是有害无益的，非但不能让孩子积极上进，反而会让孩子产生严重的畏惧心理，自信全毁，无所适从。他会不敢再去尝试自己无法让家长满意的行为，进而产生厌学、自闭等不良情绪，严重影响今后的生活。即使有些孩子可以做到让家长满意，他们的心中也会因此特别害怕失去爱，会在有意无意中为了迎合别人而伪装自己或欺骗别人，长此以往就会形成浓厚的虚荣心，甚至产生严重的心理问题。

其实，父母对孩子的爱和付出应该是无条件的。在孩子微笑时，父母要给予他爱，在孩子啼哭时也要给予他爱；在孩子听话时要爱，在孩子烦人不听话时更要给予他爱……在任何时候、任何地点都感受到关怀、重视和尊重，孩子就会感到自己值得别人去爱，他是有价值的，这会让孩子充满自信和有尊严感，他也会越来越优秀。

不过，这并非意味着不去管教。爱与管教并不冲突，你只需记住一点：就是接纳儿童的本相，无论他天性是外向还是内向，只有先接纳，才能给予爱，而之后的引导和管教才会变得顺理成章。

▶▶ 与人为善，不是从书本上学来的

要教育孩子有爱心，你必须让孩子看看什么是爱心。孩子们不是从书本上学会为人要善良，对人要有爱心的，而是从做好事中学会的。

在家中，父母可以让孩子像做游戏一样做善事。例如，每周给他一点时间用来做善事，一周后，让他说明在什么善事上花了多少钱，通过称赞和鼓励提高孩子的荣誉感。开始的时候可能会无功而返，但是经过几次锻炼，孩子自己会找到做好事的方法。

利用存钱罐来教育孩子应该也不错。在存钱罐的外面贴上标签，比如"帮助非洲畸形儿的存款"，然后将积攒的零钱捐给慈善机构或救援机构，从而培养孩子从另一个角度看这个世界。如果能够把

捐款的使用情况具体地告诉给孩子，其价值就会更加鲜明。

寻找让孩子做好事的机会，不仅在家里，还可以在社区里。比如：给医院儿童病房送多余的玩具、在收容所种花、或是给老年人读书。

在日常生活中体验做好事，时间一长，孩子自然就会知道什么是善良的行为了。而且，孩子小时候经历的关爱别人的事情越多，关爱他人成为他终生习惯的可能性就越大。

父母的陪伴比任何东西都重要得多

每看到一群小鸡围在老母鸡身边出游的场景，相信多数人都为它们感到幸福和快乐，其实小孩子也像小鸡一样也愿意父母常相伴自己。

但现在对正为生活、为事业奔忙的父母来说，尽可能待在孩子身边，陪伴他们的成长，多多少少变成了一件奢侈的事。据调查，目前我国平均约30%的独生子女是由其祖辈抚养着的。虽然，祖辈们对孙辈们不乏爱心，但毕竟是隔代，缺少父母的爱，会让孩子的身心发展发生扭曲。另一方面由于祖父母的某些育儿观念相对陈旧，科学性比较欠缺，单凭个别的、表面的经验出发，抚育上对孩子过于纵容，会导致孩子养成许多不良的生活习惯，影响孩子的身心发育。

所以有关心理专家和育儿专家认为，父母对孩子身心成长的意义比他们想象的重要得多。如果父母能更多地参与孩子的教育，将更有利于孩子的茁壮成长。这个世界上有什么东西比温柔的母爱、仁慈的父爱更能滋润孩子，更能让孩子健康地成长的呢？

▶▶ 陪伴孩子重"质"而不是"量"

其实，在和孩子相处的过程中，最主要的是"质"而不是"量"。你虽然不能一天到晚地陪伴孩子，注视孩子的一举一动，但完全可以让孩子感受到你的爱无处不在。这就需要你把与孩子在一起的宝贵时间，打造成高质量的亲子时光。

一位职场妈妈分享了她的成功经验："点点说我是'周末妈妈'，因为我只有周末才能跟点点在一起，想到这个我就非常遗憾，因为陪伴孩子的时间太少。为了不跟点点太生疏，我每天都会打一小时电话，听点点说他今天看了什么书，吃了什么东西。都是一些非常琐碎的事情，但是我听得非常认真，且热情地回应着点点。一个小时的电话成为我和点点之间的约定，每次我一打电话，就听见电话那头点点快乐的笑声。

"因为只能周末见面，所以周末我绝不安排其他事情，工作和必要的应酬交际都在周一至周五完成，周末两天完全属于点点。我会安排很多好玩的节目，带点点去逛动物园，陪他去公园看花，晚上两个人躺在一起看喜羊羊和灰太狼。我要把五天里应该给予宝宝的时间在两天内补偿回来，不让宝宝的生活留下遗憾。虽然一周的日程排得满满的，不过我一点都不觉得累，只要看着点点幸福的笑脸，我就会觉得自己很幸福。"

可见，陪伴孩子不在时间长短，而是在于有没有"专心"陪伴。即使与孩子在一起的时间很有限，但只要在这短暂的陪伴中令孩子感到高浓缩的爱，孩子也会感到满足和欢心。

在工作和教育孩子发生冲突的情况下，即使再忙，也要有亲子时间，甚至应该牺牲一部分工作时间来照顾孩子。总之，父母必须充分利用有限的亲子时间，尽最大努力把教育孩子这件大事做好，争取工作和教育孩子这两项事业都取得成功。

▶▶ 制定一份切实有效的时间管理计划

要想把工作和家庭兼顾得更好，你需要制定一份切实有效的时间管理计划。一些看似微小的调整，也许就能让你的一天变成48小时。

上班前

如果你不希望清晨都像奔赴战场的急行军一样，匆忙地洗漱、准备早点，大喊大叫地催促孩子起床，慌里慌张地吃早餐，那么就千万不要贪恋柔软的床。在上班之前争取和孩子进行一些亲密接触和交流，对孩子和父母一天的心情都很有好处。

比如，用亲吻把孩子温柔地唤醒，或者仅仅是用手指轻刮一下孩子脸颊，给孩子穿衣服时可在其腋下或背部挠几下，做做属于亲子间的嬉闹小游戏，都能让孩子感受到父母的爱。

和孩子聊天，也应该是每天早晨都应该有的生活，尽管只是一个小时，或是几十分钟，哪怕就是几分钟也是好的。可不要小瞧这很短暂的一段时光，与孩子尽情畅聊，既是一种幸福，也是对孩子的智力开发。而且，与孩子尽情畅聊，可多为彼此创造相互了解的空间，使用孩子能够听懂的话语与之不断进行交流后，会轻而易举地了解孩子的心理状态及存在的问题等具体情况。

下班后

如果说早晨的时间与孩子短暂的相处是鼓舞激情的，那么晚上的时间就应该是精心耕耘了。把下班后的时间都留给孩子吧——放下手机，所有公务一概拒绝，不管是多么诱人的生意——和孩子在一起你可以没有面对同事时的拘谨和严肃，可以敞开心扉，不必设防。既放松了心情，又给孩子带来了爱。

相对比较起来，晚上的时间比较集中，从下班回家到十点钟睡觉，这期间有三四个小时可以利用。在此期间，你可以这样做：比如，和孩子一起洗澡、游戏。因为亲水时间也是最佳的亲子时间！如果还有时间，可以安排在洗澡前，进行一些音乐舞蹈方面的亲子游戏。不会唱歌不会跳舞，那也没关系，只要和孩子随着音乐一起哼哼、一起扭动腰肢就可以了。同时拉起孩子的小手，并与孩子目光相对，传递父母的爱。另外，睡前故事时间必不可少，即使父母晚上并不和孩子睡在一个房间，在孩子睡前给他讲故事，也算是对不能在白天陪伴孩子的最好补偿。此外，还可以给孩子唱催眠曲，让孩子在父母的声音中入睡。

节假日

节假日是职场父母与孩子建立感情的最好时机，那么在假期你应该和孩子一起做些什么呢？下面这些方案就是不错的选择。

1. 赖在床上迎接周末的阳光

连日的工作怎一个"累"字了得？终于盼来了假期，给你的身心彻底放个假吧。赖在床上，和孩子一起迎接周末暖暖的阳光，在温馨又温暖的美好氛围中共度亲子好时光。

如果孩子还小，试试用枕头"打架"：把枕头扔向对方，同时翻滚着身体躲避枕头"弹药"，这游戏能锻炼宝宝的手眼反应能力和肌肉强度，并常常让宝宝乐得气喘吁吁；即使孩子大了，也没必要像赶鸭子那样赶着孩子去奔赴各种辅导班，开始一天沉重的"学习"。其实玩耍是孩子最大的学习，通过玩耍，孩子能够认知世界，获得成功的体验。而且，陪孩子一起玩儿，就像"储蓄"一家人的亲密情感，让孩子在欢乐和纯真的氛围中健康成长。在和孩子玩耍过程中，能了解孩子身上很多东西，也会更多地了解自己，通过花时间跟孩子的玩耍，可以跟孩子建立亲密的情感纽带。

2. 带着孩子们拥抱大自然

其实孩子不需要很奢华，很精致的玩具或者玩乐场所，他们的快乐来自最简单的东西：一片草坪，一朵鲜花，一片湖水。在一项唤起最珍贵记忆的研究调查中，所有参与者表示，童年在与父母进行户外玩耍时，她们感觉最开心。所以，哪怕是社区附近最迷你的街心公园，也是不错的假期亲子去处；也可以组织一次家庭小型野外考察，不要怕宝贝弄脏衣服，带孩子到野外收集种子，可以埋到土里，或者画下它们长大后的样子，或者收集各种树叶，拼贴成一幅漂亮的图画，或者仅仅是把纸张覆在树上，然后用蜡笔在上面均匀涂擦，把树皮的纹理拓下来，都是很好的放松、学习和亲子机会。

3. 室内场所寓教于乐

只要不是流行病多发时节，室内场所也可以考虑。这里面首推各类美术馆、博物馆、科技馆。真正寓教于乐，从小培养孩子对世界的好奇和求知欲，而且顺便家长也可以充充电，拓展拓展知识面，何乐而不为？或者，年龄大一点的孩子可以带他一起去看儿童演出，比如木偶剧，适合儿童观看的话剧、歌舞剧等。对于激发孩子的想象力，培养艺术细胞，有益处，同时也是教给孩子判别善恶，了解事物的规律；还可以带孩子去参加一些公益活动，比如探望福利院的孩子，做义工，等等。这对孩子是很好的道德熏陶，有助于他更珍惜现在的幸福生活。同时也可以通过这些活动提高孩子的社交能力，实际生活能力等；又或者仅仅是带孩子去市场，让他们体会体会柴米油盐。既采购了一周的日用品，又可以教给孩子最基础的生活能力，让孩子感受到自己也能为家庭做贡献，还可以利用市场上琳琅满目的商品，训练孩子的识别和记忆能力呢。

4. 和孩子一块儿整理衣服、干家务

其实，节假日也不一定要出去，在家中和孩子一起做做家务，也能够让孩子体会到亲子之间的乐趣，而且对父母本身也是一种放松。例如，整理衣服时可以请孩子在一边帮忙，还可以教孩子一起叠衣服，让孩子感觉和父母在一起十分温馨；或者，和孩子做一餐美味。只要孩子超过 2 岁了，就可让他一起来参与做饭了，可请他说出自己喜欢吃什么，并一起准备，或把部分材料当作玩具给他玩。比如，做刀削面时可以把面撕下来一点给宝宝，让他拿着面团尽情地摆弄。

出差时

出于工作的需要，许多职场父母还有经常出差的情况。在不能改变工作出差的现状下，我们应该尽可能多花些心思，在一定程度上改善与孩子的交流，消除对孩子的不利影响。例如，出差前一定要跟孩子有问有答地交代出自己出差的原因以及做什么去了，让孩子明白并相信，爸爸妈妈出差只是工作的一部分。在出差的日子里也要时时让孩子感觉到父母就在身边，因此不管多忙也要定时给孩子打电话，这对以后孩子的心理发展非常重要。但是关于电话的内容，一定要记得，千万不要在电话中提及"去学习班了吗？""从外面回来后洗手了吗？""习题都做完了吗？"等监视性的话语，也不要用"别惹是生非！""要听奶奶的话！""妈妈回家之前把作业做完！"等命令式的语气说话，否则会适得其反。你可以问问孩子学校发生的事情，谈谈自己在外地遇到的好玩的事，跟孩子讲述自己白天的故事，也会说到住的房间、酒店的一些情况，等等。对自己所在地的描述会让孩子消除很多距离感，孩子也会感受到，父母虽然在外地，但时刻挂念着他。

当然，要让孩子身心健康地成长，最重要的还是尽可能多地陪伴孩子。

▶▶ 在孩子眼中，父母越天真越好

即使大人们有时间陪伴孩子，但不会陪孩子玩已经成为一种普遍性的现象。有这样一个小镜头，在公园里，一对夫妇带着他们十岁的小男孩游玩，孩子在前面尽情地来回奔跑、跳跃，非常快活。这时，他的母亲突然冲他嚷道："为什么不好好地走路？你再疯跑，下次别想再出来！"孩子吓了一跳，之后孩子便一声不吭地远远尾随在父母的身后。

请问，这样的陪伴还有何意义？

在当下，很多孩子和父母的关系显得很生疏，其中的缘由就是这种"分离性的陪伴"。如果这位妈妈能很好地利用这次游公园的机会，在与孩子一起观赏公园风景的同时，和孩子多对话，多交流，使气氛变得和谐活泼一些，孩子就不会与父母保持"距离"了。

孩子需要陪伴，更需要在轻松愉快、无拘无束的氛围中。事实上，现实生活中，很多与自己孩子关系融洽的父母，他们多少都会有一些"孩子气"。这种"孩子气"，说穿了，就是这些父母喜欢按照孩子的规则和孩子一道玩耍。父母和孩子一起玩，和孩子一同沉浸在游戏的氛围中，一起探究游戏中碰到的问题，一起动脑筋想出更多更好的玩法，共同享受和交流游戏的乐趣，这更能融合彼此的感情。

美国前任总统布什父子感情好是众所周知的，据说在小布什还没当总统的时候，他和老布什的感情就比一般美国家庭的父子要好得多。其实，老布什和儿子相处的时间并不是很多，在小布什很小的时候，老布什因忙于政治活动，很少有和孩子在一起的机会。但是，只要老布什在家，他都会抽出时间在自家的花园里和小布什玩耍一番。老布什会和小布什一起荡秋千、捉迷藏、做游戏等，一直会玩到都筋疲力尽为止。尽管老布什很少和孩子们在一起，但他通过和孩子一起玩耍，把自己的好印象留在了孩子们的心里，所以，布什父子间的感情是非常深厚的。

在孩子眼中，父母越天真越好。比如和孩子一起参加化装晚会，父亲扮成小猪，一边学猪叫，一边和孩子追逐，父亲没有了往日的威严，这时孩子会觉得父亲是最可爱的人；在玩捉迷藏的过程中，如果父母也会摔跤，孩子见了便会明白，原来做了傻事没什么大不了的。

需要特别指出的是，在玩的过程中，父母的耐心是最重要的。因为孩子乐衷的游戏往往就是那么几种，而且孩子一旦玩上了瘾，会重复 N 次，乐此不疲。这时候你可不要嫌烦，如果你跟其他人去交谈，或者将注意力转移到其他什么事情上面，孩子会觉得你对她不重视。

打不是亲，骂也不是爱

中国传统教育观念认为"棍棒之下出孝子""打是亲，骂是爱，喜欢不够拿脚踹""三天不打上房揭瓦"……这对许多为人父母者产生了潜移默化的影响。只要孩子的言行不符合自己的期望，就斥责甚至打骂孩子。

望子成龙，望女成凤的心没有错，但无数的事实也证明，没有一个孩子是在父母的打骂中成才的。对于孩子来说，打不是亲，骂也不是爱，打骂，只会造成孩子种种不良的心态和心理偏差，绝不能获得有效地教育孩子的效果。

▶▶ 坚持"盛怒之下不管教"的原则

我们都知道，人在极度愤怒的情况下，肯定无法以理性的方式来做事。许多父母也承认，自己打孩子，都是出于一时冲动，事后又后悔难过。因此，为了避免这种情况的发生，我们应坚持"盛怒之下不管教"的原则。面对调皮捣蛋、不听话的孩子，一定要先让自己冷静、冷静、再冷静，如果实在无法平静下来，可以暂时离开孩子所处的环境现场，或是转移自己的注意力去做别的事，等自己平静下来以后，再来管教孩子。

例如，一个妈妈正在接待客人，7岁的女儿放学回家，见到客人并没有打招呼问好，客人和她说话她也没有回答，而是径自回到了自己的房间。这让好面子的妈妈感到非常尴尬，但她努力克制住了自己的情绪。等心情平静下来后，妈妈走进女儿的房间，耐心地对她说："乖女儿，刚才阿姨问你话你怎么不回答啊？"女儿便把心里的不愉快告诉了妈妈。原来，她在放学的路上摔了一跤。经过妈妈的一番安慰，女儿心情好多了。这时候，妈妈接着告诉她："孩子，你可以心情不好，但是客人问你话，你也不能不回答，这样做是不礼貌的行为。刚才看到你的表现，妈妈也非常生气，但是妈妈控制住了自己的情绪，并没有发脾气。所以你也要试着控制自己的情绪，否则很容易伤害别人……"听了妈妈的话，女儿也意识到自己刚才的行为有些不礼貌，于是她走到客厅，真诚地向客人表示了歉意，并且主动给客人端茶倒水。

这样的教育方法比打骂可有效多了。

事实上，很多时候，孩子的种种行为往往都是有极其隐秘的心理原因的。当你把心思放在了解孩子的想法，并想办法帮孩子解决问题上时，也许就会发现孩子的行为其实是情有可原的，同时也会释放掉自身的很多负面的情绪，因而也会避免打骂孩子了。

▶▶ 孩子真正欠的也许不是打，而是抱

"中国的孩子'欠抱'，'不欠揍'"。这是一篇名为《外国人眼里的中国的孩子》中的观点。英国的教育学家斯宾塞也曾说过："我认为拥抱、抚摸、牵手，也是教育的一部分。"并且他也将这个方法用在了他的儿子身上，经过几年的实践证明，他说："如果给自己的孩子多一点拥抱、抚摸，有时甚至是亲昵地拍打几下，孩子在对外交往及智力、情感上都会更加健康。"

因此，与其在孩子出现问题时打骂，不如让孩子在拥抱亲吻中

健康快乐地长大。

科学研究表明，所有的哺乳动物天生就有触摸和被触摸的需求。当一个婴儿呱呱坠地后，第一件事就是要接受爸爸妈妈的拥抱，这是人类最原始、最本能的需求。一个长期不被别人拥抱的人是孤独的，一个长期不去拥抱别人的人，是冷漠的，他的感情也是枯竭的。

但相比于西方国家表达感情的直露，中国的父母（尤其是父亲），确实是有些含蓄，我们往往吝惜于和孩子的互动和做亲密的动作。因此，我们在这里鼓励家长多拥抱、多亲吻，时常摸摸孩子的头，拉拉他的小手……这些亲密的肢体小动作都会为家长和孩子搭建起默契心灵的桥梁，让孩子在无声的语言中领会到父母的爱意。

尤其是对于低龄儿童来说，和父母用肢体语言互动，有肌肤接触，这是非常重要的。曾经看到一则新闻，有个澳大利亚的早产儿，医生判断已经没有生命特征了，但是她的母亲没有放弃，把他放在自己的胸口，2个小时过去了，孩子竟然自己呼吸起来，这就是通过接触，他和妈妈有了共鸣，通过体温，将生命延续下去。

听来很神奇，但它确实证明拥抱和皮肤接触是很有效的爱的传递。孩子对皮肤是有敏感度的，通过皮肤的接触来体会爱，这是一种最原始、最美好的感觉。

而且，经常拥抱孩子不光可以给孩子安慰，还能防止以后孩子有"肌肤饥饿症"。肌肤饥饿，是心理学上的一个名词，是指那些小时候极少得到父母的拥抱、亲昵的孩子长大后形成的一种潜在而又深刻地对被爱、被关心、被抚慰的渴望感，如果这感觉过于强烈，就会导致一种病态的情感需求。例如，我们发现，在很多家庭里、幼儿园里，都会有"恋物"的小朋友，包括安抚奶嘴、枕头、玩偶，等等，什么样的物品都有可能。而引发孩子恋物的原因中，"肌肤饥饿"就是其中一个很重要因素。还有，孩子的早恋问题，也有"皮肤饥饿"的原因。因为青春期的孩子有两面性，一半是儿童一半是成人，而父母们往往只看到孩子渴望成人的一面，忽略了他们依然存在着孩子的心理，他们其实同样希望得到父母的一个拥抱和更多的关爱。

如果孩子能够充分地享受到父母的"皮肤接触"，就不会形成心理的"皮肤饥饿"，他会对自己所获得的爱得到满足，这对培养日后的情绪平衡能力、自信心以及关爱别人的能力都会起到很大的积极作用。

值得注意的是，我们对孩子的拥抱和拍抚，不应该是奖赏，而应该是日常的、无条件的，尤其是当孩子做错了事感到不安时，更应该拥抱他。经常拥抱会给孩子这样的暗示：我们在你身边；我们爱你；无论发生什么情况有我们在你身边；如果受伤了、失败了不要紧，我们会保护你；在我们身边你很安全……这样的孩子是不会依恋一个娃娃或者一个枕头的。

另外，"皮肤接触"不仅仅指的是单纯的肌肤接触，它同时还应该包括通过皮肤接触让孩子感到温暖和柔软。包括父母注视孩子时的眼神、表情、温柔的话语，甚至呼吸、气味……孩子是通过这些细节来感受父母的爱的。所以说，我们要重视对孩子的情感关怀，最好的办法就是多拥抱、抚慰自己的孩子，多与他们说话，与他们逗笑和戏耍。

▶▶ 给孩子健康的身体是父母最深沉的爱

虽然老套，但这句话没错——"身体才是革命的本钱！"只有当孩子身体健康时，你的那些期许，如快乐、学识、名利、地位等一切的一切才会有实现的可能。而要想让孩子拥有健康的身体，就要在孩子的生活上给予他无微不至的照顾。这既是做父母的本分，也是对孩子最深沉的爱。

给孩子做好营养搭配

孩子的饮食，安全是基础，合理营养是核心，两者双管齐下才能保证孩子身体健康地成长。

在食品选材上，无公害食品、绿色食品、有机食品等，可以作为家长们的首选食物。除此之外，在购买食品前了解一些有关的食品知识，在购买时能认清有关标识，学会辨别好坏食品，掌握一些饮食安全的知识，也是可以放心食用的。

在食品搭配上，一定要注意孩子营养搭配的合理性。一般来说，科学、营养的饮食配餐，包括：主食与副食的平衡，酸碱平衡，荤与素的平衡，杂与精的平衡，饥与饱的平衡，食物冷与热的平衡，干与稀的平衡，食物寒、热、温、凉四性的平衡，动与静的平衡，情绪与食欲的平衡，等等。

当然，除了食用的安全性、营养性，食物还应该具备良好的口感。这对于改掉孩子挑食的毛病意义重大。因此，在为孩子准备膳食时，还要兼顾食物色、香、味多样化，以增加孩子的食欲，引起孩子对食物的兴趣。例如，饮食不能太单调，要经常变换食物的品种和制作方法，即使孩子喜欢吃的食物，也不能天天吃，因为这种吃法会使孩子生厌；有的孩子喜欢吃青菜或肉、鱼，可以做成带青菜或肉、鱼的有馅的食品，既照顾了孩子的口味又不能让其随心所欲……总之，不仅要让孩子吃饱，还要让孩子吃得好才能使他从饮食中得到各种营养物质，从而保证他的正常生长发育。

此外，还有更重要的一点是切忌强迫孩子进食。有的孩子食欲不好，吃饭不香，不能采取强制手段，或吓唬威胁等，更不能动手打骂孩子。强制饮食对孩子的机体和个性都是一种压制，不利于儿童身心健康成长。

培养孩子良好的睡眠习惯

我们发现，如果一个孩子每天的睡眠充足，那么他一整天都会显得精力旺盛、活泼好动；而睡眠不足的孩子则常常表现出烦躁不安、易激惹。因此，我们必须要培养起孩子良好的睡眠习惯，让他们形成早睡早起的生活规律。

对于晚上不睡，早上赖床的孩子，家长可以这么做：

第一，调整孩子的午睡时间。孩子睡午觉时间不宜过长，也不要在接近傍晚的时候才让孩子睡午觉。否则孩子很容易在晚上变成精力旺盛的小魔鬼，等他筋疲力尽入睡后，隔天早上势必又得花一番工夫才能把他叫起来。

第二，帮助孩子酝酿睡前气氛。只要到了睡觉时间，全家人最好都能暂停进行中的活动，帮助孩子酝酿睡前的气氛。有些家长在孩子就寝时间一到，就急着赶孩子上床睡觉，自己的眼睛却还猛盯着电视，或还在忙东忙西。这会让孩子有"孤单"或"不公平"的感觉，而且孩子会有"为什么只有我要去睡觉"的疑问，加上孩子对成人的活动充满好奇心，当然也就降低了睡觉的意愿。

第三，让孩子在轻松的气氛中醒来。可以随手播放一些轻松的音乐，或者放一些孩子喜欢听的故事CD，让孩子在轻松的气氛中醒来，缓解被吵醒的不快。或者帮孩子买一个闹钟，让他挑选自己喜欢的铃声，那么孩子早上听到闹钟响起的声音时，也可以减少父母叫他的不悦感。当然，叫孩子起床的时候，你自己也不可赖在床上。

第四，和孩子聊聊，找出问题的症结。孩子睡眠质量不佳，也许是因为身体不适，或情绪上的不稳定而造成的。适时地找时间和孩子聊聊，就能找出问题的症结，之后在对症下药，保证药到病除。

不管怎样，家长们一定要记住：要改善孩子赖床的问题，先给孩子一点缓冲时间，态度不要过于急躁，只要温柔坚定地去执行就可以了。除此之外，家长也要衡量每天出门前的预备时间够不够，如果是在时间很急促的情况下，就不要期待孩子愉快地醒来。且在要求孩子之前，家长也别忘了要跟孩子一起共同努力。

帮孩子选有益身心的运动

要让自己的孩子身体健康，就必须要注意增强孩子的免疫力，这样有助于提高孩子对于疾病的抵御能力。而增强孩子免疫力的最好方法就是让孩子多运动。因此，父母要尽量让孩子在忙碌的学习中抽出一些体育锻炼和户外活动的时间。

对于那些不爱运动的孩子，在条件允许的情况下，不妨全家一起进行一些户外运动。将运动变成一项家庭行动，有时就可引发孩子的运动兴趣，例如，假期带孩子郊游、爬山，亲近大自然；晚饭后带孩子散步、到社区的体育场所锻炼；睡前做十分钟的母子体操，等等，不仅可以给孩子带来身体健康效应，而且还能借此增进大人和孩子之间的感情，可谓是一举多得。

另外，父母也可以帮助孩子寻找他自己的玩伴。事实上，孩子的天性本来都是活泼好动的，有时只是因为自己一个人玩，或总是和大人玩，觉得无趣而不愿多动。而对同龄的小玩伴就不同了，有些如追跑、扔球捡球的运动游戏，大人看起来似乎并不有趣，但小孩子在一起却总是玩得乐不可支。为孩子找一个爱运动的同龄玩伴，那么他在潜移默化中，也会逐渐喜欢运动。

不过，如果孩子喜静不喜动，千万不要强行给孩子制定运动计划，那最终的结果可能会适得其反。聪明的父母应该懂得通过人为引导，让孩子主动爱上运动。

培养孩子自己的健康意识

其实所谓的健康，不应该是从外界寻找到的，而应是自己衍生出来的，可以说比健康更优先的是健康意识。因此，培养孩子内心里的健康意识，这才是父母给孩子的最大财富！

但这绝不是一件容易的事情，因为成人可以靠自己的努力，寻找健康生活的方法并乐在其中。可是小孩子就不同了，小孩子从不会考虑健康问题，更看不到若干年后身体可能发生的状况。

要想培养起孩子的健康意识，就要先让他们知道是什么带给了他们很愉快的感觉。如果可以自己体验健康带来的快乐，小孩子就会为了重新寻找这种感觉，而自发行动，也会在长大以后为了变得更健康而努力。例如，当你为孩子准备食物的时候，可以诱导他们从健康的角度思考些问题。比方说今天的菜里有小鱼干，你可以告诉他："宝贝，当你蹦蹦跳跳的时候，是不是最快乐？你可以这么蹦蹦跳跳，这都是因为小鱼干让你的骨骼变得更强壮的关系。"睡觉的时候，你也可以说："宝贝，早上一睁开眼睛就很精神，感觉睡得饱饱的，那种感觉很棒吧？要想有那种感觉，就应该早点上床睡觉。"当他们离开你的怀抱，展开自己的人生时，相信从小开始培养的健康意识，应该会给他们很大的帮助。

让爱在你与孩子之间流转起来

在我们看来，今天的孩子是幸福的，无论是生活条件还是智力开发都和过去有着天壤之别，社会、学校和家长都投入了大量的心血。可是耳闻目睹的许多事情常常令我们惊讶，记得一位母亲的哭诉，说是买了 18 只大虾，孩子一口气吃了 17 个，剩下一个母亲想尝尝味道，可是孩子居然大哭起来，质问母亲：你明明知道我爱吃，为什么不给我留着？

为什么我们的爱换来的却是孩子的无情与麻木不仁？

其中原因很复杂，但是有一个事实是不可否认的，那就是你的"爱"出了问题。父母无私奉献的爱固然是伟大的，但是只懂辛勤耕耘而不问收获的爱，却很容易变成一种对孩子的自私的爱与可怕的溺爱。"溺爱是父母与孩子关系上最可悲的事，用这种爱培养出来的孩子不肯把心灵献一点儿给别人。"这是一位教育家的经验之谈。

其实，真正的爱从来不是单方面孤立存在的，父母对孩子的爱也是需要得到精神和物质的回报的。当爸爸干活累了，孩子主动去为其擦汗；当妈妈生病时，孩子到床前端水送药。让爱在你与孩子之间流转起来，爱才真正有了积极的意义。

▶▶ 爱的正大光明，不要默默奉献

要让孩子爱自己，孝敬自己，就应当让孩子了解你为他、为家庭付出的辛苦。现在不少孩子不知道家里的钱是怎样得来的，只知道向父母要钱买这买那，认为父母给自己吃好的、穿好的是理所当然的；不知道父母是怎样一天一天把自己养大，付出了多少汗水和心血，做出了多少自我牺牲……这样的孩子怎么能珍惜父母所带给自己的一切，怎么能从心底里产生对父母的感激和敬重，又怎么能自发地产生回报父母的行动呢！

其实，没有父母真正在乎孩子的回报，但是却一定要让孩子明白，不能把父母的付出看成理所当然。

一位妈妈这样分享了她的经验：我可不做默默奉献的妈妈，我时常还会偷懒什么的。周末的早上，一定是我睡懒觉的时候，如果女儿起得早，那对不起，早饭自理。偶尔，女儿要在周末参加活动，需要我早起去送，我会拍拍她的小脑袋，发点儿"牢骚"："哎呀，为了你，妈妈又少睡了一个懒觉。"女儿呢，也会搂着我懂事地回答："那我把最好吃的糖果分几颗给你，谢谢妈妈。"

所以，如果你希望孩子变得无情、不知感恩，就不要再做默默奉献的父母了，而应该多向孩子讲述他们成长的故事，讲讲你为他们付出的艰辛。使孩子从小意识到自己并不是石头缝里蹦出来，也不是山上拾来的，而是父母一点点养大的。

父母可以将这种感恩教育蕴含在日常生活小事上，例如孩子们都很重视自己的生日，早早就在策划自己的生日怎样度过。我们很多父母给孩子做生日很大方，花很多钱把孩子的伙伴请到酒馆开一个晚会，烛光闪闪，笑语欢歌，好不热闹。可是心细的父亲不应该忘记在给儿子切蛋糕前，告诉儿子选送一支鲜花给妈妈，感谢妈妈在这一天送他来到这个世界上。

再比如，当孩子能做一些家务以后，可根据具体情况选择性地让孩子参加一些家务劳动，了解家庭建设中的大事、难事，感受父母的不易。要求孩子自己能做的事情绝不让父母做，比如自己能洗袜子，就自己洗，不要再劳烦父母。

如果父母能做到让孩子沐浴父母之爱的同时，懂得理解父母巨大的付出，懂得父母爱的苦心，就会知道感恩父母，知道应该以爱反哺父母。

▶▶ 向孩子"索要"爱的回报

我们常说，父母的爱是最无私的，父母为孩子的付出，是不需要回报的。但今天我们就要跟它唱唱反调了——向孩子索要爱的回报。

这听起来也许有点别扭，但我们这里说的要给孩子提出回报的要求，并不是自私地为了自己，而是为了希望孩子长大后同他人一起愉快地合作和生活。

一位女士前几天去拜访一位朋友，发现朋友正在与儿子抢吃一块巧克力。朋友先是跟儿子讲道理，让儿子分一点儿给他。儿子不干，朋友生气了，不过最后儿子还是乖乖地分了一半给他。这位女士感到有点儿奇怪，朋友平时是不喜欢吃巧克力的人，怎么今天破例了？再说，朋友的家境富裕，也不至于缺少多买巧克力的钱。看到她一头雾水，这位妈妈解释说："我不爱吃巧克力，但我想不能让孩子从小就吃独食，要让孩子从小学会回报。"

也许小孩子暂时还不太懂得妈妈这样教她做的意义，可当妈妈一直这样坚持下去，那么他的心里就不会仅仅只有自己的感受，同样会照顾到别人的需求，会懂得怎样去爱她的爸爸妈妈，爱别人。

向孩子索要爱的回报，这并不是要孩子口头上感谢父母生育抚养之恩，而是要他们体贴、爱戴父母，愿意接受父母提出的要求和目标。例如，父母累了，就让孩子端杯茶来；与孩子一同上街购物，要求孩子也帮助拎一部分可以拎得动的东西。父母要明白地告诉孩子，爸爸妈妈也需要孩子回报一份爱。

▶▶ 欣然接受，唤醒孩子心中爱的源泉

爱是什么？爱是一个口袋，往里装产生的是满足感，而往外掏产生的是成就感。对成人来说，接受孩子的爱是幸福的，快乐的；对孩子来说，给予别人爱，别人能理解、能接受、能感悟到，比接受成人的爱更快乐。而且，他也会感受到自己幼小的生命是多么地伟大，于是感悟到一种深深的爱意。

但是遗憾的是：许多父母不懂得孩子心中还有这种爱的源泉，主动地拒绝了孩子们愿意为他们做的好事。而当这些最初的情感被磨灭了以后，再想用千言万语的道德说教去唤醒他们，就是不可能的事了。

因此，当孩子将自己最宝贵的东西（也许只是一个小纸片、一个毛线头、一口饼干）送给你时，请欣然接受。

北京国际艺术学校的副校长贺宜芳，就讲了这样一件发生在她与儿子之间的事：那时候，贺宜芳还在北京第二毛纺厂工会工作。一天，她正在厨房做饭，6岁的儿子从幼儿园跑回来，进门就大喊："妈妈，你快来看！"

"看什么啊？"贺宜芳笑眯眯地走出来，只见儿子两只小手捧在一起，小心翼翼打开来，是一些不规则的小金属片。"这是'老坝子'(幼儿园一个男孩儿的外号)给我的银子！是他奶奶给他的，这是打戒指用的！妈，您也打个戒指吧，您就不知道打扮自己。"

孩子的话让贺宜芳一下子愣住了，看看"银子"，再看看孩子，眼睛热热的，她小心翼翼地接过"银子"，仔细收藏起来。

讲到这件事时，贺宜芳动情地说，"这个戒指我虽然没打成，可儿子的这份爱却一直温暖着我。"

施于爱，并欣然接受爱，这样，爱才能在你和孩子之前流转起来，进而在孩子与他人、与社会之前流转开来。

第三章
民主的家——平等沟通，是孩子理性的开端

　　孩子听你的话，如果是因为你人高马大，那就是你教育的失败。不用权威要挟孩子，而孩子还能自然而然地主动配合你，那才是真正有效的教育。而这只能发生在一个拥有平等民主的家庭之中，因为只有父母主动和孩子站在同一条水平线上，平等沟通，以理服人，孩子才会觉得自己被理解了，他的情绪才会好转，也才会更愿意听取家长的意见，一起来解决问题。

尊重，是对一个孩子最好的培养

每个人都渴望得到别人的尊重，美国人本主义心理学的主要发起者马斯洛认为，一个人对尊重需求是较高层次的需求，尊重需要得到满足，能使人对自己充满信心，对社会满腔热情，体验到自己活着的用处和价值。

孩子也是一样。当孩子深感被重视、被尊重时，他的自尊便会迅速得到提升，从而变得更自信。而且长大后他也会懂得该如何去尊重他人。

▶▶ 悔改心源于内疚，而非羞耻

"人前教子，背后教妻。"中国这句古话，让家长当着众人的面呵斥、批评孩子的现象，变得司空见惯。一位心理医生就曾经非常痛心地讲述他碰到的现象："很多父母为了孩子的问题来找我，当他们绘声绘色地描述着孩子的种种不良行为时，孩子就站在旁边听着呢！"

这种所谓的"教育"，其本质的逻辑也许是希望通过让孩子产生羞耻感、羞愧感，从而让他认识到自己的错误，进而改变不好的行为或者想法。

然而，从心理学角度看，这种做法并不可取。事实上，真正可以会让人深刻认识到自己错误的心理情绪，是内疚，而非羞耻。

这两者的区别在于：内疚，即针对某一件事、某一个人的情绪，是出于对自己曾经的行为的反省之后产生的感受，是个人化、内省的情绪；羞耻则不一定是针对特定的人或事，也不一定出于任何反省，而更多地与他人的目光有关，是一种社会性很强的情绪。也就是说，如果在人前对一个人的错误横加指责，这个人会产生羞耻感，但是他内心不一定是真的认识到自己有什么错，他感受到的更多是丢脸。

那么，当你感觉丢脸时，你会怎么样？会深刻反省自己错误吗？不，你只会想着如何逃离这个丢脸的情境。

孩子更是如此。一般来说，孩子从 5 岁以后就已经拥有了很强的自尊心，因此很容易受伤害，所以当大人以为孩子什么事情都不懂的时候，他早已把情绪埋藏在心里。在外人面前对孩子品头论足、训斥指责，甚至打骂，无疑都是严重损害孩子尊严的行为。

而孩子的脸面被指戳得千疮百孔，他哪里还会顾得上反省？他会觉得这个世界很可怕，只要做错事情，就会被很多人关注着，且会受到很多人的批评和指责，他自然就没有安全感了；而常常被"人前教育"，孩子会觉得自己做什么都是不对的，都是错的，都会受到很多的批评和指责，他所有的表现只会收到负面消极的反应，自然就没有自信心了。

这样的孩子，长大后很容易形成反社会人格障碍，在人际交往中会出现很多问题。曾震惊全国的马加爵事件、药家鑫事件，追溯当事人的成长经历，其中都有童年被人耻笑的刻骨愤怒，长大后这种情绪一触即发，终于酿成大错。

这样看来，人前教子并不是一个有效地让孩子成长的方式。因此，即便孩子的某些言行有欠妥当，成人也应该斟酌好要说的话，切忌在外人面前对他品头论足，更不应该在外人面前对他的种种不是加以批驳。

那么，怎样才能既保护了孩子自尊心又能起到批评教育的作用呢？

眼神提醒

很多时候，巧妙的使用肢体语言比语言本身更有效果。比如，你害怕孩子养成接受任何人食物的习惯，容易出现意外或者吃到危险食物，尽管平时的教育不少做，但孩子却总想接过别人给的一些食物。这时，不妨使用一个眼神，或者努努嘴来提醒他，不能这样做，孩子一般也就心领神会了。

带离现场

孩子在外面人多的地方不听话，不守规矩，或者有些无法无天，搞到父母难堪是常有之事。即使如此，也不要当着众人的面直接训斥他，而是应该悄悄地借着上厕所或者喝水的机会，把他带到安静的地方，耐心告诉孩子他的过分行为，这样他也能听进去，你也不用很费力地让他明白道理。

降低声调

在人前，越是批评、训斥的话题，就越应该用低于平日的声调来讲。这样，既可以表示你对他的期望，另一方面也不容易使孩子产生逆反情绪，让他对于你的批评教育更容易接受。

例如，有一个3岁的小男孩在客人家的床上又蹦又跳，这时妈妈走近他，用轻得几乎让人听不见的声音在小男孩耳边说："你觉得不经客人允许就随便在客人床上乱蹦，可以吗？"母亲的声音十分轻柔，脸上带着和蔼的微笑，但小男孩却像听到了严厉的批评，马上停止了乱蹦。

▶▶ 孩子的隐私，看破不说破

不知道从什么时候起，孩子的日记上了锁；信件从衣柜藏到床底；短消息来来往往，还莫名其妙地偷笑；有什么情况也不再跟大人汇报了……出于强烈的"责任心"，一些父母便按捺不住地就将手伸向孩子的日记、信件，甚至会偷着在他的书包里寻找蛛丝马迹。

成人的动机是不容置疑的，但却在有意无意中侵犯了孩子的隐私权。

人人都有不愿告诉别人私事，这便是隐私。个人隐私应得到尊重，法律也规定保护个人隐私不许侵犯，这便是隐私权。孩子当然也不例外，这也是《联合国儿童宪章》赋予地球上每一位孩子的基本权利。

从心理学来说，随着年岁的增长，孩子已经拥有一个相对完整、真正属于自己的世界，这个隐秘世界是孩子的自由王国。孩子保护自己的隐私，其实是一种独立意识和自尊意识所体现的正常心理反应。侵犯孩子的隐私，甚至随便暴露、当众宣扬（包含个人生理、行为等方面的缺陷、错误、失算等），这无异于敲打一个有裂纹的花瓶，让孩子无地自容，把孩子的自尊心敲碎。

孩子会因为成人不尊重自己而产生逆反甚至怨恨心理，他也许会采取更有效的措施保护自己的"私密空间"，更为严重的是，也许从此以后在他与成人之间的心灵上产生了难以逾越的"鸿沟"，更不要说主动地和大人谈谈自己的心事了，也许你从此就真的再也无法了解到他的真实心理状态了。

让孩子拥有隐私，就是维护孩子的心身健康；尊重孩子的"隐私世界"，是对孩子人格的保护，所以做父母的一定要正确对待孩子的这种心理需求，给他一个自由的空间。只有这样，孩子才能感受到尊重，那么，他在家中和学校就会尊重父母、尊重老师和同学，在将来的人生道路上尊重他人，这有利于培养他自主、自尊个性特质。当然，这对于维持祥和的家庭氛围也是大有益处的。

但尊重孩子的隐私，并非对他放任自流。看破而不"说破"，才是比较妥当的教育法子。

一是不对孩子"说破"。通常，隐私未必是什么光彩的事儿，却是构成一个人安全的全部。哪怕是父母，也不应该强迫孩子坦承自己最脆弱的一面。当发现孩子有秘密不愿意让大人知道时，你可以主动以平等的态度与孩子多交谈，谈你在与他同龄时的一些所思所想、成功和挫折，甚至谈一些当初的隐私，谈自己对事物的看法和想法，倾听和征求孩子的意见和建议，使自己成为孩子可以信赖的朋友。那么，孩子也许就会愿意主动把自己心中的秘密告诉大人，这样，你也就能了解和掌握他的隐私，给予必要的指点和教育。

二是不对外人"说破"。如果在儿童面前，你总是出尔反尔说话不算数，或者把他的秘密告诉别人，那儿童以后还能把真实想法告诉你吗？和儿童建立信任感，让他明白你是值得信任的，值得他把秘密告诉你，他才愿意和你分享。

不要把自己的意愿强加在孩子身上

在许多成人的眼里，孩子年纪小，不懂事，他们的想法是很幼稚的，充满错误的，因此总是自觉不自觉地把自己的意愿强加在孩子身上。

别急着否认，看看下面这些事哪件你没做过呢？

该吃饭了，而孩子还在玩玩具，你走过去，"拿"掉他手里的玩具，带他洗手："我们该吃饭了！"

给孩子喂饭，你觉得他肚子饿了，就一定要吃；你觉得他没吃饱，就一定还要往他的嘴里、肚里塞；

孩子玩剪刀、叉子、牙签……你觉得有潜在的危险，赶紧冲过去，一把夺下；

带孩子外出，你想带他去哪就带去哪；

遇到朋友，给孩子下指令叫人，却不做相互介绍；

你想给孩子洗澡，他洗也得洗，不洗也得洗；

试问：如果把其中的"孩子"换成你，你会怎么想呢？

要知道，即使孩子是一个没有行为能力的公民，可却也是一个有独立人格的人！当我们用这些无意识行为在跟他互动时，就会抑制了他自尊心的良好发展，丧失了自尊，他也就失去了自强的力量，人格自然也会沦陷，我想，这个结果一定不是你想看到的。

▶▶ 不要硬性改变孩子的兴趣爱好

许多家庭中，父母往往喜欢为孩子"设计"兴趣爱好。一般而言，他们强加给孩子的"兴趣"有三种：一种是他们认为能对孩子的将来大有裨益，能赚到大钱的"兴趣"；一种是"赶时髦的兴趣"，如看到人家的孩子都在学钢琴，就让自己的孩子去发展钢琴特长；还有一种是他们自己童年时期的某种爱好，由于当时条件不允许被搁置或落空了，现在条件允许了，便想通过孩子来实现自己的兴趣。

很显然，这些都不是孩子自己的兴趣。

兴趣是什么？兴趣是人们探索某种事物或从事某种活动的心理倾向，它以认识和探索外界的需要为基础，是推动人们认识事物、探索真理的重要动机。人们对有兴趣的东西表现出巨大的积极性，并产生某种肯定的情绪体验。也就是说，兴趣是孩子从事某种活动的原动力，真正的兴趣能对孩子所从事的活动起到支持、推动和促进的作用。这种推动不是外部动力在起作用，而主要是孩子自身对某种活动有着强烈的爱好，总忍不住地、自觉地、积极地去获得它、探索它，并用持之以恒的毅力创造性地去实现它。真正的兴趣有积极、肯定的情绪特征。

如果孩子的兴趣爱好和你对他的"设计"不谋而合，自然没什么好说，当你们之间出现分歧时，你也不能武断地强迫孩子按照你的设计来，而是要平静地与他沟通，在尊重孩子理想和选择的基础上，通过商量探讨，让他充分理解父母的想法，然后把选择权交给他。如果不尊重孩子的真实想法，一厢情愿地采取逼迫的手段强行让他走上你为他设计的道路，最终只会让孩子在精神和心灵上都不堪重负。

另外，还有一些父母则是只要孩子表现出对某个方面感兴趣，就全力支持。只不过，很多时候，这种支持往往会用力过猛，有的甚至到了逼迫的程度。其实，孩子对一件事的兴趣是有限的，兴趣在一定的范围内孩子才会感到快乐，感到快乐兴趣才会变成他进取的动力。如果过度地让孩子干自己感兴趣的事，时间久了他就会感到厌恶，本来有兴趣的事就会变得没有兴趣了。

▶▶ 让儿童按自己的意愿选择朋友

交友是人生的一项重要内容，因此，很多父母整日睁大眼睛帮孩子甄别他的朋友，以家长的"权威"干涉孩子交友。例如，他们让自己的孩子与一些所谓的"有教养"家庭的孩子在一起，不让他接触那些比较调皮、野性十足的同学；还有的父母只许孩子和学习好的同学来往，让他远离那些学习差的同学。

出发点也许是好的——怕孩子被欺负、怕孩子成绩退步，但结果却往往不太好。

从心理学来说，孩子在选择朋友时，有一种潜在的"互补意识"，如果他乐于与调皮一点的、"野一点"的孩子交往，也许正是他自身太过温顺，太过懦弱了，所以渴望自己能具有对方一样的性格特征。所以，和调皮的"野孩子"交朋友，其实有助于孩子个性的完善。

同样，那些学习不太好的孩子，可能在其他方面有突出的地方，他的学习虽然不是班里最好的，但他的威信却可能是大家中最高的，因为这样的孩子往往很有正义感，又肯热心地帮助别人，所以你的孩子可能对他很有好感。如果身为父母者仅仅以"学习好"为标准来"指导"孩子选择朋友，岂不是把这些最值得交往的人拒之门外了吗？

而且更重要的是，每一个孩子终将走上社会，和形形色色的人打交道。如果他从小不和这些人交朋友，磨炼与这类人相处的艺术，那么步入社会之后又如何能成功地应对这类人呢？

事实上，在孩子的成长过程中，很重要的一项内容就是要增强对环境的适应力和辨别力。孩子要适应这样一个"林子大了，什么鸟儿都有"的现实环境，并辨明是非，选择和自己志趣相投的朋友交往。这锻炼的就是一个人的适应力和辨别力。如果家长为孩子选择好了朋友，那么他就不必发挥他的辨别力了，也不必努力适应环境，只需要被动顺从环境就行了。

因此，不妨把择友的权利还给孩子，你只需作出适当的引导。即使他可能会和那些好打架闹事的同学交朋友并模仿他们的行为，认为那是讲哥们儿义气，是勇敢；或者可能会和那些挥霍金钱、讲究吃喝的同学交朋友并学着他们的样儿，认为那是成熟、有品位。你也不应该指责他乱交朋友，而是要帮助他正确认识那些行为的弊端。有了辨别是非的能力，他就会主动远离那些行为习惯不好的人，主动与那些积极进取、健康向上的人为伍。

▶▶ 让孩子按自己的方式解决纠纷

在交往中，成人与成人之间也难免会有矛盾、误会和冲突，更何况孩子？孩子在与其他小伙伴交往的过程中，肯定会有争吵，有时可能还会大打出手。这时，很多家长就充当起宣判是非的法官来，按照自己的意愿替孩子解决纠纷。

不过，这种"越俎代庖"的做法不但收效甚微，而且对纠纷双方孩子来说都是有弊无利的。通过对孩子争执现象的分析我们发现：

1.孩子争执的频率高，持续时间短。争执后，很快和好如初。因为孩子考虑问题的方式是不同于成年人的，像偷了人家的羽毛球拍，或者用石子儿砸人之类的事，在大人们看来是性质很严重的问题，而在孩子的眼里，也许并不是什么天大的事情。倘若我们以成人的思维方式来定性孩子的行为，很可能使问题复杂化。

2. 孩子间的争执有两种性质，一种是由于双方都不明确参与某个活动的行为而造成的无是非标准的"无谓争执"，另一种是由于对规则的维护或违反而造成的有明确是非标准的"必要争执"。

即使前者对孩子社会化发展无多大价值，但孩子可以通过辩解、说理和争吵这种方式，了解自己和他人，学会进攻与忍让，斗争与妥协的艺术，学会如何去面对胜利与失败。这对孩子交往能力发展和心智的健康成长，有着成人施教所不可替代的重要意义。

由此可见，孩子间的问题就应该让他们自己去解决，每个孩子说到底都属于社会，总有一天他会走向复杂的社会，到那时人际间的各种冲突远比现在小伙伴之间的纠纷要复杂得多。父母不可能永远充当孩子的"保护伞"，及早放手，让孩子靠自己的智慧去解决与同伴之间的冲突和纠纷，这才是最明智的做法。

不过，要做到"孩子之间的争执不关我事"确实很难，事实上，我们可以，也应该和孩子们一起找出解决冲突的方法，只是这不应该在发生冲突时进行，而是在那之后。发生冲突时，我们的说教、讲道理或者插手帮忙，只会变成"战争"的武器而已。

当然，尊重孩子的意愿并不是一味地顺从他，而应追求尊重与要求的和谐统一。现实生活中，你可以通过讨论、谈话，把事情讲清楚，然后根据孩子的愿望、需要或能力提出适当的要求，而不是强迫孩子按照你的意图去做事。在这样民主的教育氛围下，孩子的自信与自尊得到了极大的鼓励，同时，也保证了他不会任性，不会放荡不羁。只有这样，他才能更健康快乐地成长。

给孩子与大人争辩的话语权

尊重孩子的想法，给孩子与你争执的机会，不仅可以加强亲子之间的沟通（争执本身就是沟通的一种方式），而且，孩子还可以在与他人的争执中，更全面、更深入地认识自我，如："我现在究竟是个怎样的人""我做得好不好"等，从而逐渐达到自我身份的认同。不同意见的碰撞，也会让他们学会社会认知技巧，以及面对错综复杂的事物时的理性分析能力。同时，孩子在争辩中，为了占据上风，就要不断地把有理的一面展现出来，于是他们会重新审视自己的观点，不断自问"我对吗？"他们也会为了揪住父母的"小辫子"，来重新考量父母的想法。

其实，争辩，对孩子来说就是个反省的过程，让孩子进一步了解自己也理解父母，将来，也就会理解他人。

▶▶ 以平常心看待孩子的犟嘴

按照中国的传统，父母就是有最高权位的人，孩子必须无条件服从。因此，在许多家庭中，如果孩子稍有点不尊重的语言和行为，很多父母就接受不了了，争辩、犟嘴，那简直更是"逆忤"，脾气不好的甚至于拳脚相加。

其实，让孩子"听话"的背后，掩藏的是成年人的权威心理，我们希望能保持自身的权威地位，从而得到孩子毕恭毕敬的尊重。

可是，你有没有想过，孩子为什么要和大人争辩犟嘴呢？

1. 因为委屈而犟嘴。这是孩子为澄清事实而进行的自我辩解。事实上，这时候，家长应该耐心听取孩子的辩解，并引导孩子用正确的方式予以表达。其实静下心来想一想，孩子会犟嘴不是坏事。如果你说什么他是什么，什么想法也没有，那才可怕呢，等他长大了肯定也不能维护自己的权益和主张。

2. 为了掩盖过失而犟嘴。在家长看来，这种犟嘴就是撒谎。有许多家长在这时会以拳头代替教育。但儿童心理学告诉我们，当儿童开始掩饰自己过失时，说明他已经掌握了一定的道德标准，并且学会拿它来和自己的行为相对比，作出初步的道德评价。也就是说，孩子已经知道自己错了，犟嘴只是想力保自己的好孩子形象。那么，这时候，更需要做家长的耐心细致地引导孩子，使之认识到：犯了错误不要紧，重要提要勇于承认错误，改正错误。已经犯了错误，为了掩盖它再犯另外的错误（撒谎）是错上加错。同时，要让孩子认识到：自己是个犯了错误的好孩子。这一点很重要，因为这是孩子犟嘴的根源，也是孩子今后改正错误的动力。

3. 自以为是的犟嘴。孩子的这种犟嘴多是因为他对自己的行为缺乏正确的道德评价。比如，家里来了小客人，孩子却不让人家玩自己的玩具，大人说他，他还认为自己的玩具就有权不给别人玩。这说明孩子的道德认识和道德评价能力还处在一个比较低的水平上。如果是这样的情况，就需要父母在平时通过多种方式如看图书、讲故事等来帮助孩子提高道德认识。当然，这更需要耐心，潜移默化的改变绝不是通过一两次谈话就能解决的。

总之，如果我们能够放下做家长的架子，以平常心看待孩子的争辩，以耐心面对孩子的犟嘴，针对孩子犟嘴的症结对症下药，就可以使孩子对你口服心服。

▶▶ 说服孩子而不是压服他

在面对孩子主动发起的辩论中，你真正要考虑的是如何应对他，而不是如何让他言听计从、不作一声。

第一，认真听取孩子的主张。如何听取孩子的意见和感受，实质上是父母对待孩子的态度问题，在于父母和孩子的谈话或讨论问题是不是平等的方式交谈。

其实很多时候，成人在观念上是认同应当尊重孩子的，但在日常的教育行为中，大多数父母却做不到这一点。如果把他们和孩子讲过的话录下来，认真听一听，就会发现，他们在很多时候是用教训的口吻和孩子谈话的。这种不平等的谈话方式，当然不可能取得很好的效果。

当孩子在讲话时，父母应该表现出很愿意与孩子谈话的样子，无论孩子在讲什么，父母都不要打断孩子的讲话，更不要插入批评的语言，让孩子把话讲完。当我们用希望了解、希望倾听的态度与孩子谈话，我们就是向孩子表示我们尊重他们的能力，尊重他们的独立性。而孩子对事物的感受，往往比他所接受的直接教育更能引发他的行为。

第二，从孩子的立场去理解他说话的内容。

《庄子》中有"子非鱼，安知鱼之乐"的故事，如果不从对方的角度看问题，看在我们眼里的或许和事情的真相有着本质的区别。对于孩子的教育也是一样的，父母有父母的苦心和坚持，但孩子也有孩子的委屈和想法，做父母的如果不能从孩子的立场去理解孩子的话，亲子之间实现有效沟通就会变得越来越困难。

比如一个孩子对妈妈说："妈妈，我们今天考数学了。""是吗？这回得了多少分？""82分，比上次高10分呢。"孩子有几分骄傲地说。妈妈似乎并没有察觉到孩子的心思，接着说："你努点儿力行吗？""你凭什么说我没努力？比上次提高了10分，老师还表扬我进步了呢，就你总是不满意。"孩子生气了，提高嗓门喊了起来。"你怎么这么不懂事，我这不是为你好吗？你看看你，就算进步10分也比人家XX差，一点儿也不争气！""我怎么不争气啦？你嫌我丢你的脸是不是？人家XX好，那就让他做你的孩子好啦。"孩子气冲冲地走进自己的房间，"砰"的一声把门关上了。

这样的争辩，除了破坏亲子感情，毫无意义。对于孩子来说，每一次进步都是值得骄傲的，都是他努力的回报。如果父母懂得站在孩子的角度去看问题，给的应该就是赞美和鼓励，而不是比较和批评。站在不同的位置会看到不同的风景，处于不同的立场会产生不同的观念。多从孩子的角度来看待问题、分析问题，只有这样才能有效地解决问题。

第三，在相互尊重、平等的前提下争辩。

争辩，使家庭成员间感到彼此重视，有利于形成和谐民主的家庭气氛。但前提是相互尊重、平等沟通。

如果孩子不讲道理，争辩时强词夺理，提不合理要求，比如看见玩具就要买，父母不给买就撒泼打滚，或者无论事小事大都要争辩一番，那么，父母就要适度把握了。一般来说，亲子间的争辩最好要有内容、有意义，比如孩子是否该去兴趣班，每天是否应坚持锻炼等。

如果孩子和父母争辩时不讲礼貌，甚至打骂父母或说脏话，这更是万万不可取的。争辩不意味着可以顶撞父母，争辩的本质是争论、辩论、讲道理。孩子可以根据自己对环境的观察分析，选择并运用学到的语汇和表达方式，试图有条理地表达自己的欲望、观点，挑战大人，但绝不可以丢了礼貌。

放下架子，蹲下来和孩子交谈

家长在和孩子说话的时候，通常以家长的身份出现，而孩子则会做理所当然的倾听者，这种对话方式下，孩子能跟父母讲多少心里话呢？

教育孩子，平等是基础。放下做父母的架子，蹲下来，把孩子放在与自己平等的位置上，孩子才愿意与父母沟通。

▶▶ 不要急于和孩子讲大道理

当我们与孩子沟通时，总是习惯对他们进行说教，并自认为是站在了公正、公立的角度上。但很多时候，孩子是不会心平气和接受的，尤其是当他们觉得委屈时，你的大道理无异于火上浇油。

让我们看下面这个小事件：

一天，11岁的儿子放学回到家，把书包一丢，气呼呼地说："今天真是气死我了，就因为我迟到了两分钟，老师就不让我做早操。"

妈妈说："迟到两分钟也是迟到，因此你没理由生老师的气，这本来就是你的错误，如果你不迟到，那就不会发生这样的事情了。"

儿子争辩道："妈，你是不知道，老师让我站在一边，所有同学都用异样的眼光看着我，真是丢死人了，这些都是老师害的。"

妈妈说："这时候知道丢人了，知道丢人就不应该迟到，你还有脸怪老师，要怪就怪你自己。"

听到妈妈不理解的话语，儿子更觉得委屈了，大声喊道："你就知道说我，一点儿也不把我当回事，一点儿也不考虑我的感受。"说完，就气冲冲地跑出了家门……

其实，很多时候，孩子并非不明白其中的道理，他们所需要的不过是父母的同情和理解。故事中的妈妈应该体谅儿子的心情，可以这样说："那一定让你很生气，妈妈能够理解你的心情。"当妈妈对儿子的委屈表示认同时，他的情绪就会得到缓和。这时，妈妈再加以适当的开导，比如可以说："你的心情妈妈能理解，老师让你站到一边，也是让你记住这次教训。如果你以后可以提前到达做早操的地方，就不会发生这样的事情了，妈妈相信你可以做到的。"相信这又是另一番结局了。

所以说，当孩子有问题要求大人帮助解决时，或孩子的表现出了问题，父母要过问时，不要急着给他讲大道理，更不要指责或批评他，而是应该首先耐心地倾听他的讲述，让他把内心的委屈一吐为快。然后，表示你的认同、理解，体会他内心的愤怒和无助，让他的情绪得到释放，让他的委屈得到缓解。

只有在这个前提下，我们才可以给他讲道理。而且，要耐心地讲，不要太着急，让这些道理自然而然地流入他的内心。同时，我们还要明白，给讲道理的目的是要让孩子真正明白，让他知道应该如何去做，因此，更要善于用真情实感来打动和感化他，也就是晓之以理、动之以情。这样，孩子才能理解我们的用心，学会真实地表达自己的情绪，坦然面对、并冷静解决遇到的事情。

➤➤ 有勇气向孩子说声"对不起"

每个人都会犯错，即使你面对的是孩子，也难免会有冤枉或者误会他的时候，但很多成人即使明知自己做错了，也很难向孩子认错。这是因为在他们心里，自己身为长辈，即使有错，后辈也应让三分，认为向孩子认错会"丢份儿"，会失去长辈的威信。

其实，大人有错而无勇气向孩子作自我批评，说到底，就是放不下架子。诚然，你希望自己在孩子心目中享有崇高的威信这无可厚非。但是，你还应该知道，家长的威信，应该是建立在正确教育方法的基础上，并非辈分高就有威信。大人与孩子的关系也应该是民主和平等的，你只能以良好的言行来对孩子施加影响，借以赢得他们由衷的钦佩和尊重，从而取得他们的信任和形成威信。

因此，如果我们有了错误，就一定要有勇气当着孩子的面大胆承认。关于这一点，1932年诺贝尔生理学医学奖的获得者——埃德加·道格拉斯·艾德里安的母亲就做得很好。

艾德里安从小就显示了自己的生物学天分，他十分喜欢研究小虫、小动物，而且常常把他捉到的虫子解剖并仔细研究。

对孩子的这个爱好，母亲是十分支持的。但有一次，她看到艾德里安在河边解剖一条死狗。身为贵妇的母亲很气愤，首先是因为儿子在大庭广众之下血淋淋地解剖动物很不文雅；其次，她以为是儿子杀死了别人家的狗，是一种极不礼貌的行为。基于此，母亲便狠狠地责骂了孩子，这个时候，艾德里安很委屈地对妈妈说："我没有弄死别人的狗，它是一条死狗，没人要，扔在这里的。我一时好奇，想知道狗的肚子里面都有些什么东西，就把它切开了。"

听了儿子的解释，母亲深知自己错怪了孩子，而且自己这一批评可能会打击孩子的好奇心，于是她立即为自己错怪了儿子而道歉，并进一步鼓励儿子对未知事物要勇于探索，这为艾德里安以后进行科学研究打下了良好的基础。

其实，你根本不必担心道歉会被孩子轻视，向孩子认错，并不会损害我们的威信。事实上他会更信任勇于自我检讨的父母，会更亲近你，觉得你很有勇气，他自己也会形成勇于自我批评的美德。从心理上来说，孩子也会因为你一句真诚的"对不起"，而感到自信，感觉你也像对大人一样对待自己了，不由自主地自豪起来。

当然，你也不能为此就毫无顾忌地随便认定孩子的错误，发现不对再道歉。如果总是被误会，孩子就会怀疑父母的判断能力，长此以往，他对你的信赖感和威信力都会下降。

|第四章|
自由的家——释放孩子想象力，
给他无限可能

为了孩子能够成为一个优秀的人，许多父母会将孩子塞进自己设计好的模式里，这样的教育没有大错，但注定他的人生会完全变成别人期盼的样子。

把自由还给孩子，每一个稚嫩的身体里，都蕴藏着无限的可能性。天马行空、异想天开的小世界，需要给予正确的引导；更要让他们尽情体会，你得到的也许就是一个意想不到的惊喜。

淘气的男孩是好的，淘气的女孩是巧的

很多父母不喜欢淘气的孩子，因为他们只把注意力集中在孩子"淘气"所产生的所谓"不良"后果上，而忽视了孩子"淘气"背后深层次的东西，忽视了孩子在"淘气"中所表现出的优点和值得赞赏之处。

作家冰心有一句话说："淘气的男孩是好的，淘气的女孩是巧的。"事实上，孩子正是在大人所谓的"淘气"中获得了认识的提高和智力的发展，他们的观察力、想象力、创造力、思维判断力都得到了极好地锻炼。由于经验的积累和思维能力的提高，他们往往可以从无知变得聪明，从幼稚发展为成熟。

▶▶ 破坏的过程就是学习的过程

小闹钟的零件散落在卧室里，客厅里的电话机被拔掉了线，台灯罩也掉到了地上……相信每个家庭里都少不了爱拆东西的"破坏大王"。一旦发现孩子有各种各样的破坏行为，成人大多会选择阻止、责备甚至惩罚孩子。

殊不知，孩子可贵的好奇心就这样被无意识地扼杀了。事实上，孩子破坏性的淘气行为大部分是受强烈好奇心的驱使，是孩子学习探索的一种表现。孩子把自己感兴趣的东西拆开，不是故意去破坏这个东西，而是因为感兴趣，想看看究竟是怎么回事。例如，看见电视动画片中会说话、会唱歌的蓝色小精灵，他会围着电视机左看右看，用手拍打电视机，嚷着要他们出来陪他玩；听说种子种在地里能发芽，他也会把妈妈种在花盆里菜籽，每天挖出来看看有没有发芽；看见理发师给顾客理发，他回家后也会拿起剪刀把小狗、洋娃娃的毛发剪掉……

对于孩子这种出于好奇心而进行的破坏活动，你不但不能阻止，反而还应该主动给他提供动手的机会，鼓励他进行创造。例如，如果家中有什么是需要修理的，而对孩子来说也没有什么危险，家长就可以让孩子多参与。因为在这个过程中，他的手眼都会得到锻炼，也有利于孩子思维的发展。

在这个过程中，父母还要慢慢引导孩子建立什么东西可以碰，什么东西不可以碰的概念。比如他可以玩一个小皮球、摆弄一个大水桶，但他不可以把笔记本电脑当玩具，不然会有大麻烦。同时，还可以给孩子一些组合式的玩具，鼓励他尝试组合不同的造型。当然，为了避免发生意外，孩子手里的东西要少棱角且质量好。

另外，孩子对力量的使用是有一个尝试过程的，因为他还不了解应该用多大的气力去完成某件事，所以家里会出现如抽屉被拉到地上，东西被摔坏等现象。对孩子无心造成的过失，你可以在他力所能及的范围内让他对自己的行为负责。比如，摔坏了东西，让他去拿扫帚和畚箕。让孩子善后要比严厉地责备他好，毕竟惩罚不是目的，让他领会，哪些事他做了别人会称赞，哪些事他做了会造成伤害才是最重要的。而且，孩子也可以从中了解普遍的社会规范，知道每个人做事的限度和应该遵守的法则。

同时，父母还应该抓住这个机会教导他，而不是打骂，或是威胁。例如，孩子拆坏玩具后，你应该简单地向他讲述玩具的构造原理和安装方法，然后与他一起把玩具修好，并向他介绍玩具的正确使用方法，让孩子学会使用玩具、爱惜玩具。在游戏中孩子既获得了相关的知识又满足了好奇心，而且，这样的引导比枯燥的说教或书本教导更易令孩子理解。

当然，有时候，孩子外在的破坏行为也可能是他内心困扰的表现，是一种情绪的发泄。那么，面对孩子的这种破坏行为，父母就应该多留心他最近的动向，说不定他的"破坏"情绪的起因正是源于你对他过于严厉，又或许只是他觉得孤单，想引起大人的注意等。和孩子谈一谈，了解他的想法、感受和需求，也就减少了他搞破坏的"动力"。

➤➤ 让孩子自在写比教他写更重要

每个进入书写敏感期的孩子，都喜欢拿着各种笔到处写写画画，描绘自己的世界，这会让很多父母十分恼火。但是，墙脏了可以重新刷，桌布、衣服脏了可以洗，洗不掉可以换成新的，这些代价跟孩子的发展相比是微乎其微的，甚至是可以忽略掉的。

鼓励、支持孩子"涂鸦"，积极给孩子创造"涂鸦"的机会与平台，促使"涂鸦"成为一种行为习惯，才是聪明父母的选择。因为"涂鸦"可以让孩子的想象力得到较大程度地展现和发挥，而不受很多客观条件的限制，对孩子的潜在智力也是一种积极开发，可以提高孩子的艺术修养，为孩子的成长与成才提供最大可能。

为避免孩子到处去画，可给孩子准备相应的工具与空间，让孩子有工具和地方发挥自己的才能，表达自己的欲望，而不是到处去画。当孩子养成了良好的可受自己控制的"涂鸦"习惯，能够随意画自己想画的，那么孩子的想象就会借此得到突飞猛进的发展。

环境上：为孩子提供可书写的环境

如果父母能为孩子提供有利这种技能发展的环境，他的书写敏感期就会提前出现或是爆发得更猛烈。事实也可以证明这一点：在孩子1岁多时，如果我们为他提供纸笔等材料，他也会拿着笔在纸上十分投入地戳戳点点。一旦他用笔成功地在纸张上留下印痕，他就会大受鼓舞，继续这个创造性的活动。并且，那些不规则的小点或者歪歪扭扭的线条还会引发他无边的想象力，激励他以各种各样的方式去描述他"书写"出来的这些奇迹。

另外，人文环境也不可忽视，一个经常在孩子面前用笔写写画画的父母，确定无疑地会促使孩子的模仿行为，这样他在潜移默化中就能学会写字、画画。

态度上：鼓励孩子大胆"创造"

也许在大人看来，这种一会儿一个黑点，一会儿又一堆线条的乱画没有丝毫的意义，但是，我们不能因为自己的无知就否认孩子的成长，这其实是孩子在成长过程中所表现出的一种表达方式，是一种完全不同于以往的表达方式。

在孩子眼里，那些线条都是有意义的。四五岁的孩子已经开始会运用颜色表达他们曾经看见或者想象出来的东西。或者是某种事物，或者是他们到过的某个地方。孩子的内心世界是非常丰富多彩的，许许多多的东西经过他们的想象，又通过他们的笔表达出来，就形成了含义丰富的"涂鸦"之作。

因此，当你面对孩子煞有介事的描述时，一定要给予他足够的赏识，而没有必要非得告诉他"这样写不对""那样画是错的"。甚至，我们还应该鼓励孩子大胆地创造自己的标记与符号，这不仅能激发孩子对书写的兴趣，让他从中体验到满足感，而且还能培养孩子的想象力和创造力。

▶▶ "谎言"中萌生的创造力因子

说谎是绝大多数孩子都有过的行为，很多家长只知道说谎是一种不好的行为，但却不知道说谎代表了孩子一种更高级的认知能力和社交技巧，其中蕴含着孩子可贵的创造力，所以，要辩证地看待孩子的说谎。

实际上，可以把说谎看作是孩子心理发展的一个里程碑，是孩子心理发展到一定阶段的产物，研究发现，说谎几乎是每一个孩子都有过的行为，通常，大孩子比小孩子更容易"说谎"，女孩比男孩更容易"说谎"，有哥哥、姐姐的孩子"说谎"行为通常较同龄孩子出现得早一些。

每个孩子的说谎情况也不一样，有的孩子常爱说谎，有的孩子较少说谎，发展心理学的研究发现，在这两者中，"常爱说谎"的孩子创造力较高。这是为什么呢？因为小孩子最初的谎言都是由其"幻想"而来。他们由这些谎话展现他们所未曾经历过，却仿佛又曾经历过的事情，这和"由无到有"的创造力有着密不可分的关系。

到底说怎样的话才"说谎"？从广义上看，说与事实不符合的话就是"说谎"，如果以这个标准来界定的话，那么当孩子认真郑重地告诉你：他的房间里住着一只超级恐龙，他的被子里住着一个会跳舞的小精灵，他每天晚上会和小仙女去森林里玩……这样的话就是"谎言"。

孩子在 3 ~ 8 岁的时候，还无法弄清楚什么是真，什么是假，而且这个时候刚学会用字遣词来表达自己的意思，有旺盛的表现力，极度希望自己的话能引起大人的注意，而当他们发现自己所说的一些夸张言语，或是将一些别人做的事说成自己做的时，会引起大人们的注意，甚至夸奖，他们就不由自主地"说谎"了。正如上面孩子说他的房间住着一只超级大恐龙，被子里住着一个会跳舞的小精灵。

心理学研究发现，孩子类似的"说谎"行为中潜藏着巨大的创造力因子，那种能够把"假的说得跟真的一样活灵活现"的孩子，可以说是个创造天才。

一个孩子早上起得很早，他穿好衣服后，跑到母亲的床边，趴在母亲的耳边说："妈妈，快醒醒，'小白'（家里的小猫）打我！"

年轻的妈妈听后笑了，知道儿子在向她撒娇，就伸出手抱过儿子："它是在叫你起床，不是在打你。"

孩子听后开心地笑了。

在这里，年轻的妈妈没有把孩子所说"与事实不符"的话当作孩子的"谎话"，而是帮助孩子去厘清现实与想象的区别。

"假装"也是这样一种"谎言"，经常有这样的情形发生，一个孩子对另外两个孩子说：假装这就是战场，你假装是坏蛋，我假装是解放军，她假装是护士。假装我一枪把你给打伤了，她假装给你换药……

在玩"过家家"游戏时，女孩子对一个孩子说：假装你是爸爸，我是妈妈，它（布娃娃）是我们的孩子。你假装下班回来了，我假装给你做饭……

在这样的"假装"中，孩子的想象力和创造力得到了充分的发挥。

小孩子很容易把梦境、图画书里的人和事物，与现实生活搅浑在一起，而且他们往往认为大人也是知道这些的，所以他们常常会煞有其事地跟大人说这些"无中生有"的事。

对孩子的这些"谎言",大人一定不要斥责孩子"无中生有",
在"吹牛说谎",而要学那个年轻的妈妈,顺势问事,以保护孩子
的想象力和创造力。

比如,当孩子跟你说:"我在草丛里看见了一只有小汽车那样
大的甲虫。"你可以这样回应:"哦,有小汽车那样大吗?那可是
够大的!"边说边用手比划甲虫的大小,借以修正孩子夸大其词的
部分。

说谎不值得提倡,但要分具体情况,对孩子没有恶意的"谎言"
不必非得要捅破,但要注意引导,使其认识到说谎的害处。而对孩
子"谎言"中萌生的创造力因子,则要予以尊重和保护,并尽可能
与之相配合,使其创造力得到滋润和发展。

孩子的思想开阔，他的世界才能更精彩

给孩子最好的礼物，就是解放他的思想，让他学会用自己的角度去看待世界。因为只有孩子的思想开阔，孩子才能挣脱束缚，正视生活，孩子的世界才能更精彩，孩子的前途才能更光明。

▶▶ 每个孩子天生就是"问题宝宝"

每个孩子天生就是"问题宝宝"，他们会因好奇而提出各种问题，如："为什么会刮风，为什么会下雨？""为什么会打雷，又为什么会打闪？""为什么爸爸有胡子，妈妈没有？""为什么母鸡下蛋，公鸡不下蛋？"等五花八门。而且，对于你觉得简单的、已作答的问题，他还会刨根问底，一遍又一遍，不厌其烦，让人难以招架。

但孩子们无休止地追问"为什么"并非淘气或故意给家长添乱，而是好奇心驱使孩子去探索的表现，他们发自内心地想知道答案和真相。父母对这种最初的探索表现应当积极地给予扶植和培养。

美国的大发明家爱迪生小时候的故事，很多人都听过。据说，爱迪生在上小学一年级时，有一天老师在教"2+2=4"。可他却愣头愣脑地问老师："为什么是4？"老师有点生气地说："2加2就是4啊！"并且用手指比划着："1、2、3、4，你看，不就是4嘛！"对于老师的这个回答，他显然不不满意，继续问道："为什么就是4呢？"老师觉得他的脑子一定有问题，生怕班上的其他孩子受到不良的影响，就把他的妈妈叫到学校，告诉她："你应该把他带回家去好好教导，否则会给大家带来很大的麻烦！"可爱迪生的妈妈却理解自己的孩子她认为自己的孩子聪明且出类拔萃，所以她决然为儿子办了退学手续，因为她要在家中亲自教育这个别人眼里的："问题孩子"。

事实上，每个孩子都有相当强烈的好奇心，也正是好奇心的驱使，使他们问出许许多多的"怪问题"，如果父母能够正确引导，孩子的求知欲必定会越来越旺盛。但却不是每个孩子都像爱迪生一样幸运，许多父母不仅不为孩子问不完的"为什么"感到兴奋，反而觉得厌烦，有的家长对孩子提出的问题随便敷衍一下，不给予耐心的说明和解释。有的干脆就说"就你话多，哪来那么多事""这还用问""你给我闭嘴"等。这种态度会导致孩子不敢或不愿再提问，对周围的一切都失去了好奇与热情。正如高尔基所说："对儿童的问题，如果回答说等着吧，长大了就会懂。这等于打消儿童的求知欲。"现实中不难发现，孩子好奇、好问的习惯会随着年龄的增长而逐渐消失。这其中许多孩子的好奇心和求知欲是被父母粗暴的态度扼杀的。

当然，即使你有耐心，要满足孩子的好奇心，让孩子得到满意的回答，对家长来说却也是件难事。这就要求爸爸妈妈讲究回答孩子提问的艺术。

父母在给年龄小一点的孩子解答问题时，要尽量做到完美，并充分考虑到孩子已有的知识与思维能力，考虑孩子是否能完全接受。如果父母随便给孩子一个过于深奥的答案，其结果是孩子仍然解不开心中的疑团，会一直不停地追问下去。很多父母就是这样被孩子问烦了的，还反过来将孩子训斥一顿。

等到孩子再大一点，懂的知识更多一点，父母在回答孩子的"为什么"时，不妨让孩子先想一想，而不是马上给出答案，要多提一些问题来开拓孩子的思路。提示孩子如何去思考，让孩子自己去想。例如，一个孩子看着夜空中的圆月问妈妈："为什么月亮是圆的，月亮会一直这么圆、这么亮吗？"妈妈却告诉他："你过几天再来看，也许月亮就会告诉你他的秘密了。"一段时间之后，孩子自己找到了答案："真有趣，月亮会从圆的变成弯的，又从弯的变成圆的！"这位妈妈的作答方式是值得肯定和提倡的。它既让孩子的好奇心得到满足，又让孩子通过自己的观察思考明白了"月有阴晴圆缺"的现象。父母要经常以启发、诱导的方式，为孩子提供思考的空间，让孩子的思考能力得到尽可能多的锻炼，孩子所问的问题会越来越深刻，其创造意识也会越来越强烈。

如果是你不知道的问题呢，那就要实事求是地告诉孩子你不知道，千万不能传递错误的信息。在教育上，再没有比教给孩子错误的东西更可怕的了，这个错误有可能影响孩子一生，因为孩子最初的印象往往是最深刻的。你可以选择告诉孩子，等查阅后再告诉孩子正确的答案。这种严谨的态度也可以让孩子受到影响。

最后，还要学会说这样一句话："我真喜欢你爱提问题。"

总之，父母千万不要嘲笑、压制孩子那些千奇百怪的问题，放开手，给予他们鼓励和赞赏，让他们自由自在地、无拘无束地问"为什么"吧！

▶▶ 不要用心理定势禁锢孩子的思维

在孩子想象的中，扫帚既可以当马骑，又可以当冲锋枪，一会儿它变成了雪人的胳膊……可是在成人眼里，扫帚就是扫帚，是用来扫地的。

这就体现出，孩子由于思维中很少受到心理定势的影响，比成年人往往有更多的创造性。

那么什么是心理定势呢？简单地说，就是在思考问题的过程中，用过去形成的经验来衡量新的事物，使人们在认知新的事物时，在主观上有一定的定型。

心理学认为，心理定势正是创造力的大敌。虽说它可以使我们在从事某些活动时相当熟练，甚至达到自动化，节省很多时间和精力。但是却往往会束缚我们的思维，使我们只用常规方法去解决问题，而不求用其他"捷径"，而妨碍问题的解决。

要知道，创造力就是一种求新求异、设法打破框框条条的束缚，而使问题得以解决的能力，因此它的前提就是要打破定势思维。

对此，父母应改变"包办"思想，不能把自己的思维，强行变成孩子的"思维定势"，自己怎样想，就逼着孩子拥有同样想法。虽然父母的知识经验要多于孩子，但孩子也会拥有我们所不具备的新点子、好主意。对孩子创新思维的鼓励是很重要的，如果你什么事都给他答案，将来等你不能手把手教他的时候，他自己就无法想出答案了。

而且，孩子珍贵而脆弱的创造力，不仅不应该被扼杀在不科学的教育中，反而应该得到有意识地引导。比如，讲故事、猜谜语就是激发孩子想象力的重要途径，大人要充分利用这种简单但有效的方式激发出孩子瑰丽的想象力。在美丽的童话和神话中，孩子的想象力得到了最大程度地发挥，那晶莹剔透的水晶宫、那闪闪发光的飞行靴、那日行万里的小红马，还有那力大无比的泰山……都徜徉在孩子无边的梦境中，此时，孩子的想象真的就好像是插上了飞翔的翅膀。

另外，游戏也是提高孩子想象力的一种有效方式，大人可以经常和孩子一起做想象力拓展的游戏，方式很灵活，可以由生活中一件具体的物品来展开，如，可以问孩子喝完饮料的瓶子还能做什么用？可以当棍子用吗？可以养金鱼吗？通过透明的瓶身看东西是变大了，还是变小了？通过这些提问，孩子的想象力可以得到极好的发挥利用。

在大人这些有意识的保护和引导下，孩子的想象力很好地被激发出来，如果每一次的交流沟通都能让孩子的想象力得到很好的发挥，那么习惯成自然，孩子最终会不知不觉地将想象力"赋予"在所从事的事情上，从而让事情有了"生机"。

总之，培养和提高孩子无穷的想象力，就是给孩子插上飞翔的翅膀，能挖掘孩子永不枯竭的潜能资源，给孩子美好的未来打下良好的基础，因此，有效地保护和提高孩子的想象力，就是送给孩子一生最珍贵的礼物。

没有什么比让孩子做他自己更为重要

父母口中使用频率最多的词莫过于"听话"二字，他们动辄就会对孩子说："你不需要考虑什么，只要按照我们说的话去做就行了。"听话的孩子固然让大人省了不少心，但孩子呢，却会渐渐失去自主性，成为一个听话的"木偶"。

其实，没有什么比让孩子做他自己更为重要的了，没有了"自我"，何谈发展、何谈未来，又何谈幸福呢？你的孩子将来可能成不了让人羡慕的钢琴家，也可能成不了让人敬佩的名画家，但即使只是做一个普普通通的人，相信孩子也会感到幸福的，因为毕竟是在做自己喜欢做的事。让孩子幸福，不就是我们爱孩子的初心吗？

▶▶ 自由越多，孩子越知道该做什么

如果提到监控，很多人往往会想到网上监控、摄像头监控，等等，如果让你 24 小时都生活在这些监控下，你一定会坐卧不安。可对于孩子来说，还有一种我们成人很难想到的"监控"，那就是父母的目光，这也是让很多孩子不快乐的主要原因。

其实孩子在 3 岁左右就开始有自己的小秘密了，而且很在意自己的小秘密。这时，如果条件允许，父母就应该给孩子提供属于他自己的不受打扰的房间，如果没有这个条件，你可以暂时给他一个抽屉、一个架子或院子的一部分供他使用。这对

孩子的学习效率、个性成长和心理健康都非常重要。因为一个人只有在自己自由支配的时间里，没有任何压力，才可以按照自己的想法尽情地展示自己，做自己喜欢做的事。也只有那时，一个人才能体现自己真正的个性。

一个国外的妈妈给我们提供了一个很好的范例："如果看到孩子一个人坐在房间里，什么都没做，只是看着窗外的天空发呆，大多数妈妈肯定会认为他不会在想什么重要的事情，而我看到彼得这样，却非常想知道这个孩子到底在想什么？

"但是我没有干涉彼得。其实，不只是彼得，爱丽丝和南希在做完功课后，我也让她们回到自己的房间做自己的事情。彼得经常发一会儿呆后，就开始捣鼓一些组装品，还会掏出书来，在纸上画着什么。爱丽丝和南希则喜欢编织一些东西，有时画画玩。他们有的时候就是呆呆地坐着。但是，不管孩子们做什么我都不会去干涉，只是偶尔我会引导他们做一些事情。

"因为我相信在给孩子的自由时间里，孩子们会选择自己奋斗的方向。自由时间越多，孩子越能明白自己应该做什么。而事实也确实如此。例如彼得小时候总喜欢拆东西。上高中时，他在全国科学大会上获得了发明奖，这都是因为我给了他充足的思考时间，让他找到了自己的特长。如果只是一味地督促彼得学习功课，不要浪费时间，恐怕连彼得自己都不会发现自己有那方面的才能吧。"

孩子需要自己进行思考，塑造自己。只有给了孩子适当自由的时间，孩子才能拥有更大的创造性。

不仅如此，对孩子来说，真正需要的，不单是能安心玩耍、安心学习的个人房间，还是一个尽情发泄的隐私空间。日本女演员中村明子女士就说："我很希望自己的房间成为'能哭的地方'，仅仅是在心情不好时，或于己不利时有一个避难的场所。"可以说，父母为孩子设置一个这样的空间，也是保持孩子身心健康的重要条件。你必须明白，只有"亲密有间"，家庭才能成为亲密生活的共同体，成为个性自由发展的场所。

▶▶ 玩耍是儿童认识这个世界的途径

孩子需要玩耍，就如同草木需要阳光雨露一样。特别是那些被关在书房里、堵在教室里，被沉重的学习负担压弯了稚嫩的脊梁的孩子，多么渴望有一个宽松自由的玩耍空间，就像花草享受阳光一样尽情地、自主地享受游戏的无穷乐趣！

可是为什么有那么多的父母会阻止孩子尽情地、自由自主地游戏，粗暴地剥夺孩子"玩耍的权利"呢？

说到底，是因为这些父母不懂得玩耍对于孩子的意义。鲁迅先生在《风筝》一文小说："游戏是儿童最正当的行为。"俄罗斯作家高尔基也认为："游戏是儿童认识世界的途径。"玩耍之所以正当，不是因为它好玩，而是儿童成长的要求，而且能寓教育于其中，帮助儿童扩大知识领域，陶冶性格，并促进德、智、体、美各方面的发展，尤其对儿童的智力开发，有着不可估量的作用。

事实上，一个聪明伶俐的孩子，他一定也是一个喜欢玩耍的孩子。居里夫人有两个女儿：大女儿伊雷娜，二女儿艾芙。居里夫人在对她们要求严格的同时，更注意如何让孩子学会去玩。在自家的花园里，居里夫人为孩子设置了吊杆、滑绳、吊环和秋千，她把花园变成孩子们的乐园。每天功课一完，居里夫人就让这两个孩子到外面尽情地玩耍。有时候，无论居里夫人工作得如何疲倦，她都要抽出时间陪女儿骑自行车出游。

居里夫人正是用让孩子学会玩的办法，成功地发掘了两个女儿的天赋，最终使她们都成为杰出人物：大女儿伊雷娜在1939年荣获诺贝尔化学奖，小女儿艾芙日后成为杰出的音乐教育家和传记作家。

因此，一个合格的父母，不但不应该干预、控制孩子的玩耍，反而应该做孩子"玩"的支持者、帮助者、保护者和游戏的伙伴，让孩子放开手脚去玩，给孩子一个良好的玩耍环境。不要因为他在玩耍中好犯一些小错误，而限制、干预他的玩法。如果允许孩子去玩，但又对其加以种种限制，就会淡化游戏给孩子带来的自由和愉快，也不会收到要孩子玩耍所希望达到的效果。

我们可以借鉴美国家庭的做法：

游戏内容自由：在美国，有很多家庭都不会对孩子玩什么进行严格的限制，而是让他们选择自己喜欢玩的东西。一般情况下，只要不会对孩子产生不良影响，父母很少干涉孩子玩什么。例如，有的孩子喜欢在家玩电脑游戏，父母也不会对他们进行呵斥，有时候还会和孩子一起玩，并跟他们一起探讨玩游戏的一些感想。

孩子玩容易受伤的游戏时，他们会告诉孩子应该注意哪些问题。他们认为应该让孩子在玩中锻炼自己，如果对孩子保护过度，可能会使他形成胆怯的性格。他们甚至会鼓励孩子冒险或是参加有挑战性的运动，例如，有很多美国孩子都喜欢玩滑板、骑单车，并在地形复杂的地方做各种各样的动作，他们可以尽情地跳啊、蹦啊，甚至还可以滑翔、旋转等。有些动作在我们看来非常危险，如有的孩子会从高高的坡上飞速直下，又快又猛，危险系数特别高，可是他们自己却玩得津津有味。走在美国的街上、居民区，甚至是楼梯上，都经常可以看到踩着滑板的孩子。

游戏时间自由：很多美国家庭也都不会限制孩子玩耍的时间。据调查，孩子每天可以玩四个小时以下的家庭占的比例是最小的，不少家庭允许孩子玩的时间在五六个小时之间。甚至有的家庭不对孩子玩的时间做任何限制。除了不限制孩子玩的时间以外，很多家长也不会给孩子布置额外的家庭作业。每天上学之前，父母都会跟孩子道别，但是他们不是在嘱咐他好好学习、认真听课等，而是告诉孩子要玩得高兴。"Have fun"是美国家长对孩子说得最多的一句话。当孩子回到家后，家长经常问的也是："今天在学校过得开心吗？"

玩是孩子的权利，就应该是让孩子自己做主的事。所以，我们不仅要允许孩子玩，还要鼓励他玩，甚至陪他玩，让孩子在玩中学习，在玩中成长。

|第五章|
鼓励的家——学习，应该是每一个孩子的本能

为什么有的孩子学习力很强，而有的却总是处在被动、厌学的境地呢？

这是因为，在孩子小的时候，我们以不同的方式去回应孩子自主学习的本能，从而导致的不同结果。如果我们将学习力比作种子的话，孩子得到的是鼓励，学习力就注定会发芽、生根、长叶、开花、结果；得到的是指责，那么也就剥夺了学习力破土而出的权利。

学习兴趣是孩子学习的原动力

我们发现，很多孩子之所以不愿意学习，实质是因为缺乏学习的兴趣。正如爱因斯坦所说："兴趣是最好的老师。"歌德也说："哪里没有兴趣，哪里就没有记忆。"有兴趣的学习，不仅能使人精神集中，积极思考，容易产生功效，而且能让人增强自信心。没有兴趣的学习，不仅会让人苦不堪言，使学习成为一种负担，一种劳役，而且使人失去自信而产生畏缩厌烦的心理。

因此，与其挖空心思为孩子选择各种各样的班，不如想办法激发孩子的学习兴趣，让他们自主地去学习。

▶▶ 让孩子体验到克服困难获取成功的乐趣

对意志坚强的人来说，失败也许是成功之母，但是对于大多数孩子来说，越失败就越没有信心，越没有信心就越没有兴趣，也就越容易失败，如此形成恶性循环。所以，不妨在初学阶段，让孩子多多体验到成功的快乐，初战易胜，一胜便能激励再战的勇气。

但是，很多时候，成功对于儿童来说，却并不容易。因为儿童所做事情的难易程度不同，再加上主客观因素的限制，另外还有方法是否得当，有无成就欲望，等等，这一系列因素，也会让失败时常发生。

因此，对于很少体验成功喜悦感的儿童来说，成人的"帮助"

很重要：

帮助孩子找到优势所在

对于任何事物，每个孩子内心都有一种感情倾向，或喜爱或厌恶，它支配着孩子对待它的态度，起一种导向作用。作为家长，你应该善于发现孩子的优点，多多加以鼓励，以增强孩子的自信心，从而将这种自信心泛化，提高孩子的学习动机。

以英语课为例，有些学生上英语课十分被动，甚至害怕老师提问。要消除这种情感障碍，需要学会分析自己的学习情况，从一团乱麻中理出头绪，从整体劣势中找出局部优势。例如，尽管总体上孩子的外语学得不好，可是书写工整娟秀，朗读字正腔圆，那家长就可以以此作为"根据地"，给孩子造成一听"书写"或一听"朗诵"就兴奋的心理效应，然后从这种局部优势中建立信心，培养兴趣，享受成功的欢乐。

帮助孩子确立适当的目标

根据孩子的发展特点和个体差异，父母要尽可能地帮助他树立一个可以实现的目标，让他自己努力去实现。当他不断看到努力所取得的成果时，对学习的自信就会很自然地充溢他的小脑袋了。

经常用测验检验学习效果

事实上，知识竞赛之所以使人趋之若鹜，并不是它的奖励让人眼红，而是人们愿意得到一种肯定自己知识和能力的喜悦，这种情况就是"成功激励兴趣"的典型例子。你不妨借鉴一下，孩子每学习一段时间，可以让他通过自测或正式测验来检验自己的学习效果，哪怕是取得了微不足道的进步，只要再加上你的鼓励，孩子的信心便会越来越强，兴趣也会越来越高涨。

用复杂的题目增加成功喜悦感

这一点仅仅针对学习能力比较强的孩子。因为他们成功的机会会很多，这样孩子就容易滋生骄傲的情绪，同时对成功的体验也就不那么强烈，没有太大的喜悦之感。因此，对于这样的孩子，父母应该尽量选择一些复杂的题目让他去做，这样他就不会回回都能成功，如此不但提高了孩子的学习能力，同时还能去除他骄傲自负的心理，并且能够使孩子感受成功的喜悦。

▶▶ 寓学于玩，用玩耍淡化学习的概念

前文中我们已经提到过，玩耍，其实是自然界赋予孩子学习并适应环境的独特方法，你不让孩子玩耍就是让孩子停止了学习，寓学于玩，学习便无处不在。例如：

玩耍里的数学课

孩子和你一起玩售票员或者售货员游戏的时候，他不仅是在学习怎样与人相处，怎样发挥想象力，体验不同社会角色的感受和情绪，这还是他学习数学的最好机会。比如，你买了2元钱的车票，可以告诉他这样你能到更远的地方，或者你可以坐上有空调的公共汽车。你们也可以给家里的所有东西标价，做售货员和顾客的游戏，这样孩子不仅了解了数字的多和少，也能了解到更大的数字或许可以代表物品更有价值。找零钱还可以让他们学会简单的加减法。这样，这些枯燥的数学知识在玩中就愉快地学会了。

你们也可以一起在跳绳的时候、上台阶的时候数数或者去认识车牌号，孩子们通过这种途径更加了解数字和生活的关系。

玩具里的空间世界

电动汽车在孩子们的操作下穿过茶几，从房间的这头奔驰到那

头，小汽车的高度能不能穿过更低的沙发，能不能从那条小窄到上穿过，都是锻炼他的空间感觉。即使孩子在沙发上蹦来蹦去、在床上练习倒立，也都是在发展他的空间能力。

孩子还可能会把不同大小的水杯排列整齐，把他们分别命名为爸爸、妈妈和自己。这种玩法，是在表达他们对真实世界里大小关系的理解。

积木可以帮助孩子建立三维空间感，这是今后他们学习几何、物理甚至到了大学学习建筑、工程的基础。孩子们用积木讲故事的时候，会选择大块的来代表狗熊，用小块的充当兔子，或者让大块的代替爸爸，小一些的表示妈妈，最小的被当作宝宝，这些都表明孩子们对于现实世界中的大小关系有了明确的认识，并且能够通过直观的方式表现出来。通常来讲，男孩比女孩更喜欢积木，他们能够用积木来搭建复杂的结构，比如想象中的碉堡或太空船，这对于激发他们的想象力很有好处。但是女孩的爸爸妈妈也不要因此而担心，因为女儿在这方面的缺失，已经在给洋娃娃穿衣服、看病和做饭的过程中弥补了。

悄悄成长起来的语言家

孩子们很爱"看"书，他们飞快地翻动书页，然后把注意力停留在感兴趣的插图上。别以为他们在装模作样，其实在这个过程中，他们完全可以通过文字和图形的对应，认识一些有特征的文字。到了 4 岁以后，孩子们对于那些听了无数遍的故事，就能够像模像样地"读"了，他们一边翻书，一边凭借记忆，把故事一一对应地讲述出来。这种伪阅读对于今后的真正阅读非常有帮助，他们会对于故事的起承转合、开场首尾有所感悟，他们可以在和别人分享故事的过程中获得乐趣，他们还会因此和书籍交上朋友。

还有，在玩耍的过程中，孩子们为了能说服小朋友或者父母站在自己的一方，为了能恰当表达自己的想法和创造，也是在努力学习着表达。在游戏的时候，多创造一些情境，和孩子一起讨论怎么玩、该说什么话更合适，他也慢慢学会沟通和表达。

你也可以经常在游戏中让孩子听到一些新的词汇，往往这个时候能够促使孩子们更多地思考，启发孩子们观察周围的世界。慢慢地，他们会更加注意到生活中的细节。学会用更恰当的语言来表达。

玩出来的艺术家

孩子们都喜欢乱写乱画，有时候他们的"涂鸦"让你很费解，但这并表代表他没有自己的想法，在孩子的眼里，那些线条都是有意义的。四五岁的孩子已经开始会运用颜色表达他们曾经看见或者想像出来的东西，也许是某个人，也许是他们到过的某个地方。所以这些来自内心世界的活动，通过他们的不断对世界的观察和思考，通过他们的笔有了一种真实的表达，你能说他不是一个艺术家吗？同时生活中很多东西都可以成为创造的素材，他们可以沙子、土、毛巾等不同的材料创造艺术作品。

音乐和舞蹈总是让孩子和着迷。当他们自然而然用自己的身体和声音表达的时候，也让他们体会到了艺术的感染力，他们会自发地创造出更多的变奏曲。四五岁的孩子一般能够演唱比较长的歌曲了。即使反复唱只有几句的简单歌词，也能够使孩子们尽情享受词语的音调，韵律的美好。

过家家游戏的社交训练

孩子们都喜欢"过家家"，他们经常把大人之间每天发生的事情搬进他们的游戏，在这个过程中他能更加了解这个世界，也更了解他们自己。在这个过程中，孩子们要选择做一个什么样的游戏，选择其中自己喜欢的角色，把自己转换成这个角色的过程中，他要学会表现这个角色的行为特征，体会这个角色的感受，从而了解真实生活中各种角色。

你也可以和孩子一起玩。比如，和孩子一起玩司机、售票员和乘客游戏，他会了解不同角色的社会分工，你们都是普通的人，但是你们都有着自己的风格和特点。也可以根据书上看到的故事来扮演角色，加入一些想象，实现理想中的一种生活境界。

更多孩子在一起玩耍还可以体验到竞争、赞同对方、赢得胜利等感受。尤其是当孩子们在户外玩耍的时候，很少能像他们在室内游戏时那样得到大人的关注和指导，所以孩子们自己就学会了分享、轮流以及集体游戏的一些潜规则。出现冲突的时候，他们也会尝试自己解决，并且在交涉、胜利和妥协的过程中，学会了处理自己和他人的关系。

美丽的想象在飞

在孩子们的想象中，可能他的娃娃和他一样快乐地生活着，他会哭、会笑，可以吃东西，可以分享他的感受。或许某一天，他自己成了哈利·波特，可以变幻魔法，可以无所不能。

想象是一切创造的源泉，也可以帮助孩子的成长。比如，玩电动飞机和小火车的时候，那种惊人的超速行驶，会让他们突然感到自己很强大，他们觉得自己长大了。

玩拼插玩具也是他们发挥想象力的最好途径。这也是很多四五岁的孩子热衷的事情，他们可能用拼插玩具建造了他们想象中的最完美的游乐场。

想象还可以帮助孩子摆脱某种不良情绪。比如，爷爷奶奶要出门旅行了，他不希望他最喜欢的爷爷离开一个星期，他可能会想象自己也在进行一次小小的旅行，逐渐忘掉了与爷爷奶奶分开的苦恼。

做身体协调的小家伙

孩子到户外又跑又跳，当然是在帮助他们提高身体运动能力，一方面锻炼了他们的肌肉，一方面又练习了他们的身体平衡能力。身体的协调发展是大脑开发的重要过程，同时也让孩子们具有一种运动家的精神，用开阔的心胸和敢于不断挑战自己的态度对待世界。

手眼的协调能力对孩子动手能力的发展非常有帮助。四五岁的孩子可以做一些缝纫工作，特别是女孩子会对此乐此不疲，这是锻炼手眼协调能力的好途径。男孩子可能会更加喜欢玩迷宫游戏。从迷宫的入口走到出口，可以促进孩子的空间推理能力，促使他们细心观察图形和细小的差异，还锻炼孩子们的手眼协调能力。

总之，让"学习"变得"好好玩"，孩子就可以在轻松愉快的环境中获得正确的学习方法和技巧，也能懂得成长的真谛和做人的道理。

学习的问题从来不是学习本身的问题

学习的问题从来都不是学习本身的问题。很多时候孩子对学习产生厌倦，父母的责任重大。对孩子学习本能的错误解读，以及培养孩子的学习能力时用错方法等，都会成为孩子学习之路上的障碍，扼杀孩子的学习本能。

▶▶ 学习本能有时会蕴藏在不良行为中

很多时候，孩子的自主学习本能，并不都是以正面行为来体现的，还有一些行为，很容易被因错误解读，反而使其成为扼杀孩子自主学习本能的导火索。例如：

搞破坏

孩子的搞破坏行为，本质上是一种探索行为。只要在可被允许的范围之内，我们都应该尽可能给他更多的空间，让他去尝试。即便是在不被允许的范围，也要智慧地处理相关问题，权衡利弊，保持好的，将不好的转化为好的。对抗从来都不是什么好方式。对抗只会增长孩子对抗的能量，使问题变得更糟糕。

多动

喜欢动来动去，不仅是孩子生理发展的一种需求，也是他们自主学习最好的方式。因为当孩子多种感官联动时，正是他们大脑处于最活跃状态的体现。在动来动去的过程中，他们有更多来自感官的体验，接收更多维度的信息，学习也变得更充满趣味，更卓有成效。但如果我们将之认定为孩子"多动"时，往往是想办法让他安定下来，这就难免要带给孩子压力，要么让孩子因为习得性无助放弃探索，要么导致孩子变得很逆反，将成长的能量转移到其他方面。

执拗

当孩子做事"一根筋"时，正是他深入探索，精力高度集中的表现。但是，我们常常会担心孩子因此不懂得转弯，太执拗，太缺乏弹性……诸多的担心，也会促使我们试图去改变孩子。结果依然是怀揣一颗好心办了坏事。

不听话

你所认为的"不听话"，其实恰恰是孩子自主意识萌芽的表现。一个没有自主意识的人，我们如何期待他发展自主学习力呢？在尊重孩子的基础上去协调一切，我们才有可能既保持孩子有利于他成长的部分，又规避可能妨碍他成长，或者给他的成长带来不良影响的部分。

此外，孩子有很多看似荒谬的念头、喜欢各种无厘头的东西，等等，都是源于孩子的思维是弹性的、外化的、跳跃的。

所有这一切，我们若了解了，懂得如何去应对，它们都将是引导孩子发展自主学习力的极好契机。但如果我们狭隘地理解自主学习这个概念，以致错误地解读孩子的这些行为，将它们定性为不良行为，就不仅不会给予孩子支持与鼓励，反而扼杀了他自主学习的本能。

▶▶ 物质奖励反而会降低孩子的学习兴趣

一位妈妈抱怨道："我的孩子上初一。为了能让他好好学习，我们制定了一个奖励制度：平时小考 90 分以上，奖 10 元；前 10 名，(奖)50 元；进入前 5 名，(奖)100 元。开始还真管用，他一回家就看书、温习功课。可时间一长，孩子明显出现厌倦学习的情绪。我们只好加码 (钱)，但看来效果不大……愁死我们了！"

其实，很多父母都有类似的困惑：动辄给孩子金钱、物质的许愿和奖励，开始的确有效，但慢慢地就不尽人意，甚至起到相反的作用，导致孩子对物质利益的过分追求，发展到孩子把学习作为交换奖赏的筹码。

奖赏之所以不灵验，其实就源于"德西定律"：一个人进行一项愉快的活动时，如果对他提供外部的物质奖励，反而有可能减少他对这项活动的兴趣。这是美国心理学家爱德华·德西在一次实验中发现的。他让一些学生解答妙趣横生的智力题，开始时，对所有学生都不奖励；接着把学生分成两组，其中一组学生每解答一个智力题就给予一美元奖励，另一组则不给奖励。在两组学生的休息或自由活动的时间里，德西观察发现，尽管有奖励组的学生在有奖励时解题很努力，但在自由活动时间里却只有很少的人继续解答；可是无奖励组的学生却有更多的人热衷于没有解出的智力题。就是说，奖励组的学生对解答难题的兴趣开始减少，而无奖励刺激的学生对解答难题的兴趣仍然浓厚。

究其原因，则是因为奖励刺激容易引发人的外部动机，其特点是持续时间比较短；相反，对于所从事事情本身的兴趣是人的内部动机，才更容易持久。如果学习活动本身令孩子感兴趣，妈妈再给孩子奖励，可能会弄巧成拙，不但不能提高孩子的学习主动性，反而会降低孩子原有的学习热情。而且，用物质奖励孩子还有一些其他的弊端，如会使孩子的欲望越来越大，沾染上自私自利和功利主义的毛病，滋生只图享受的心理，养成斤斤计较、讨价还价的庸俗习气，等等。

所以说，如果你不想让孩子对学习失去兴趣，那么就不要再对孩子进行物质的奖励了。当孩子取得了一定的成绩和进步在激励孩子的时候，应该以精神奖励为主，如：在家人或亲友面前表扬他们，使他们产生荣誉感；低年级的孩子可以给他们戴红花、贴红旗；还可以拥抱、亲吻、口头表扬他们，或者发贺卡和奖状；如果孩子连续一段时间表现好，可以带他们去看电影、旅游，等等。

优秀的孩子是"夸"而非"贬"出来的

多数的孩子在多数的情况下，能不能做好他要尝试的事，父母对他的态度起着十分重要的作用。让孩子充分感觉到你对他的重视和欣赏，不仅能使他的内心得到满足，还能使孩子感受到父母发自内心的爱，从而强化孩子的正面表现，促使他努力把事情做得更加完美。

▶▶ 赏识教育让"好孩子"心态觉醒

我们总是习惯地认为：优点不说少不了，缺点不说不得了。因此，往往对孩子的错误或弱点如数家珍，对他的进步和优点却视若无睹，仿佛戴了一副有色眼镜，专门筛选孩子的缺点。

也许你的本意是想帮助孩子认识到自己的问题，从而使他变得更好。例如，希望孩子进步快，就老说他慢；希望孩子细心，就老说他粗心；希望孩子胆大，就老说他胆小；希望孩子聪明，就老说他笨……你想帮助孩子改正问题的心没有错，但方法却是错的。

如果我们将孩子的无形生命比作一棵果树的话，果树有果枝（优点），有风枝（缺点），那么，大人的目光就像阳光，照到哪里哪里壮。如果一直盯着缺点的风枝上，风枝就会越长越壮，最后颗粒无收。如果一直盯在优点的果枝上，果枝就会越长越壮，最后必将是桃李满树。

从这个意义上来说，我们不妨换一副能发现孩子进步的"有色眼镜"。筛选出他做得好的地方，对他的行为进行"正强化"。孩子的努力得到了正向的反馈，他就更愿意去重复这种行为。在不断的重复当中，孩子就会不断进步。

这其实也就是我们常说的"赏识教育"。心理学认为：人性中最本质的需求就是渴望得到尊重和欣赏。赏识教育的特点就是注重孩子的优点和长处，逐步形成燎原之势，让孩子在"我是好孩子"的心态中觉醒。

不过，现实生活中，很多父母对"赏识教育"有所误解，他们更多地将其理解为浮夸的赞美。让我们来看这样一组镜头：

一个十多岁的孩子回答了一个普通得不能再普通的问题，爸爸妈妈马上拍起了手掌——"你真棒！"然后发一颗糖；

一个十多岁的孩子拿笔在纸上画了一个似花非花的东西，爷爷奶奶立马露出可鞠的笑容，大称"你真能干"。

这样的情景，相信大家在许多场合都能看到。但我想反问一句：这样的孩子棒在哪里？能干什么？

这样的"赏识"——所有的人都这样的浮夸他们，赞美他们——只会让他们形成"自我中心意识"。凡事从"我"出发，局限于从"我"的视角认识事物，因而，"盲目自尊""自负"会是他们普遍的特点。于他们而言，需要的恰恰是"淡化自我"的教育。希望我们的父母能多做思考，取消浮夸，反思"赏识"，回归自然。

另外，其实当孩子出现问题时，只要我们抛弃一味地谴责，多给孩子时间和空间，尊重他的心理感受，孩子就可以有力量和动力自己慢慢修正问题。

例如，当你发现孩子抄句子时速度很慢，如果总是提醒她："一句话一句话地抄，别一个字一个字地抄！这样太慢了！"那么，即使他照办了，也会很不高兴。

但是如果你可以用一种商量的语气对他说话："你一个字一个字地抄也是可以的，不过，妈妈还知道一种更快的方法，你愿意试试吗？"如果孩子愿意尝试，一定会发现这样更快。如果不愿意，我们也要尊重孩子的选择："今天还是用你的方法，妈妈帮你记时间，看你平均一分钟抄几个字。明天咱们再试试另外一种方法，看看一分钟抄多少字，然后选一个你喜欢的办法。"

当然，期间我们还可以加入"赏识教育"的内容——不给他一点压力，不去催促他。假若某一天他完成得非常快，就可以积极地肯定他——这样，孩子并不会觉得快是多么难以企及的目标，此时他会更关注自己的成就感，并且，他会从中总结经验，比如写的时候尽量做到专注，或者一眼多看几个字。

你也可以叫他分享经验，这样他会有意识地总结方法，也许会用到下次作业中，这样会渐渐形成良性的循环。

事实上，只要方法对路，改变孩子的行为没有那么困难。

另外，很多时候孩子所谓的弱点，有很大一部分是我们过高的期望制造出来的：如果我们拿孩子与我们心中的期望相比，孩子往往都是错的。如果只是审视孩子本身，他的优点足够让你骄傲。

▶▶ 被期待的孩子更容易发挥出自身潜力

心理学家做过一个实验，在一所小学里对一至六年级的 18 个班的学生进行一次"发展测验"。测验结束后，他们发给每个班级的老师一份学生名单，说名单上列出的全班 20% 的学生是最有优异发展可能的学生。

8 个月以后，心理学家们又来到这所学校，进行追踪检测，结果发现名单上的20%的学生的学业成绩都有明显进步，而且他们情感健康，好奇心强，与老师和同学的关系也比较融洽。老师们说，心理学家的测验可真准，有很多学生是他们原先没想到的。可是心理学家却告诉老师，名单上的学生只是他们随机抽取出来的。

这个实验证明了什么呢？那就是人们的期望可以对别人产生巨大的力量。这是因为期望就代表了信任，信任就代表着对人格的积极肯定与评价。每个人都有被别人信任的需要，当这种需要得到满足，人就会感到鼓舞和振奋，而更容易发挥出自己的潜力。

其实，每个孩子天生都是自信的，勇敢的，他一睁开眼睛，就尝试到处看看，当他能控制自己的动作时，他喜欢到处爬，到处摸，什么都拿起来咬，大人做什么，他也模仿着做什么。当然，因为很多事情孩子是第一次做，所以很容易出错，如果他每次尝试换来的都是批评、指责，那么，就很容易挫伤孩子的自尊心，使他失去自信。

所以，如果你想让他保持勇敢自信、积极进取，你就应该记住：当孩子做出某种尝试时，只要不是危险的和损害别人利益的，就应该鼓励。要让孩子明白，谁都有失败的时候。这样，孩子每次尝试做一件事情时，他得到的都是奖励而不是打击，他当然会很有自信，乐意一而再再而三地努力去做自己还不会做的事情了。长大了之后，他很自然就会成为一个勤快的、乐于尝试新事物的、积极向上的人了！

如果你的孩子不幸已经自卑胆怯了，唯一的办法就是要停止对他所做的事情挑毛病、指责或者是表示不满意，而是多给鼓励。哪怕只是有了一丁点儿进步，一定要及时给予肯定和适当的赞美，逐步帮助孩子树立自信。

不过，当我们在孩子身上期待"期待效应"的发生时，一定要避免走入另一个误区——期望过高。

事实上，许多"望子成龙，望女成凤"的成人从来不缺对孩子的期待，他们缺少的恰恰是对期待的控制——他们总是对孩子寄予过高的期望。

其实，一个人只有对他能力范围内能承担的责任和重负，才会欣然接受，会有信心去完成。如果一个只能承担 50 公斤重负的人，让他去承担 100 公斤或更多的重负，就可能压垮他，或者让他选择回避。也就是说，如果超负荷运转，就会容易出现心理问题。

因此，父母应该从孩子的实际状况出发，在尊重孩子的兴趣爱好和意愿的基础上，提出适当的期望。期望过高或过低，都可能会起到适得其反的效果。

➤➤ 贴上好标签，孩子在不知不觉间改变

心理学认为，一个人被别人下某种结论，就像商品被贴上了某种标签，他自己就会做出印象管理，使自己的行为与所贴的标签内容一致。这种现象是由于贴上标签后而引起的，所以称之为"标签效应"。

心理学家克劳特对这种效应的显然性作了科学的实验研究：他要求人们进行慈善捐款，然后把一部分人拿出来贴标签，如果捐了款就贴上"慈善的"，如果没捐款就贴上"不慈善的"。另外一些人则没有贴标签。

一段时间之后，心理学家再次要求他们捐款时发现：那些贴了"慈善的"标签的人，捐款的数额比第一次捐款的要多很多；那些贴了"不慈善的"人，则更不愿意捐款。另外一组没有贴标签的人，则没有这么明显的表现。

可见，不管是被贴上了积极的还是消极的标签，人们都会根据

标签上的内容，对自己的行为做出改变，使自己的行为更符合那个标签的内容。

由此推之，当一个孩子老被说成"贪玩""笨蛋"等，他就会自暴自弃，更加印证你的定论。相反，如果你的言语和行为每天传递给孩子的是你对他这样的评价，比如"努力的""聪明的""上进的"等等，那么，孩子也一定会如你所愿越来越好。千万不能因为孩子一时的成绩不好，就贬低他的能力，给他贴上"笨孩子"的标签，人为的区分出孩子的好坏。而要就事论事，用具体的指导代替盲目指责，用提出期望代替情绪化的批评，"笨孩子"就有可能悄悄地变成"聪明孩子"。

尤其需要注意的是，作为孩子最信任的人，父母更要避免在他人面前说出孩子的缺点。你可能认为这是一种谦虚的方式，但对于孩子来说，这就是父母和别人一起否认了自己的价值。

当然，有时候，我们自己可以做到不给孩子贴标签，但是在学校、在朋友群中，他还是难免会被其他人贴标签。这时，我们要告诉孩子：任何事情都是可以改变的，即便你可能因为一次错题而被嘲笑是"大马虎"，但只要以后更细心一些，你就会重新变成仔细认真的孩子。标签是固化的，但人是可以改变的。教孩子拥有一种好心态，就可以抵御别人给他贴坏标签造成的不良影响。

不过，也并不是只要给孩子贴上好的标签，他就会变好。贴好标签也需要技巧。孩子表现好的时候，应该表扬，但是不能在任何时候都过分夸大地表扬。常常受到表扬的孩子，一旦发现之前的表扬并不是事实，就会陷入失望，容易对自己失去信心。不切合实际的表扬，还会让孩子时而过于自信、爱慕虚荣，时而过于沮丧、自卑，不会实事求是地面对问题和挫折。

|第六章|

宽容的家——最好的教育，是让
孩子自己管束自己

　　孩子需要管教和指导，这是毋庸置疑的，但是如果让他们无时无刻和处处事事都在管教和指导之下，却是于成长不利的。

　　其实，最好的教育，应该是让孩子自己管束自己。带着宽容去指导孩子，才能让孩子感到安全，让孩子充满自信，让孩子勇于负责，让孩子善于同情，让孩子学会自制。

每个孩子都是一个独一无二的个体

德国哲学家莱布尼茨曾经给当时的国王讲哲学，他说："世界上没有两片完全相同的树叶。"国王不相信，就让宫女们到后花园去找"两片完全相同的树叶"。结果不用说，宫女们折腾半天，一个个空手而回。别看一片小小的树叶，如果仔细考究起来，它所具有的属性同样是无穷多的：长短、大小、宽窄、厚薄、色彩、纹理等。其中的每一种属性都可以再细分出许多种。要想找出两片树叶，其各自属性完全吻合，显然是办不到的。

树叶是这样，孩子也是如此。

▶▶ 不要把孩子作为父母间攀比的对象

"你看人家隔壁的 XX，一直都那么听话，你怎么跟人家比啊。"

"你怎么不学学 XXX，整天就知道玩啊玩的。"

"人家怎么能考满分，不都在一个课堂里学的吗？"

……

类似的话你一定不会陌生。你可能小时候曾经听过，也可能现在正在说着。

我相信，所有的父母在孩子间做出横向对比的时候，出发点都是好的，都希望孩子能从这样的"比较"中有所警醒，能够奋起直追。

但是事实告诉我们，结果并非如我们所愿。

《明史》中就有一段关于大学士张居正成长经历的描写：张居正小时品学兼优，因此成为乡里同龄人的榜样。其中有一位小王爷，因不务正业常遭其母责骂："你看人家张白龟（张居正幼时名'白龟'），样样比你强，再看看你……"因此，小王爷记住了这个名字，且怀恨在心，等他长大了，便倚仗自己的权势将张居正的亲人加害致死，用以满足他童年的嫉妒而导致的报复心理。

这其实就是心理学上最典型的"心理偏盲"现象，人们喜欢对身边的人和事选择性地记忆和评判，最后变得爱攀比，喜欢较劲儿，凡事爱往坏处想；对身边人的优点视而不见，对生活中的收获熟视无睹。如果你不希望孩子滋生出这种消极心理，就少拿他跟别人进行攀比。

当然，从本质上讲，世界上没有孤立存在的事物，任何事物都是在和其他事物的对比中存在的：没有黑暗，就没有光明；没有苦，就没有甜；没有丑，就没有美……但是怎么比，却是由你做主的。一般来说，纵向比较更有利于孩子增强信心。

一是与孩子的过去比。

你可以把孩子最近的表现和过去做一个比较，如果现在的他比以前有了进步，一定要进行肯定和表扬。要知道，孩子最在意的就是家长和老师对自己的看法，你的表扬，就是对他最大的鼓舞，比如"佳佳画得线条比以前更流畅了，真好！""丽丽的作业比以前更认真了、更工整了，有进步！""亮亮打球比一个月前强多了！"孩子就会感到进步带来的成就感。尤其是对于那些经常得到批评的"差孩子"，适当的表扬和肯定，也许就是他转变的契机。

二是与孩子的将来比。

你可以和孩子共同制定一个合理的目标。如果他没能达成目标，帮他一起分析原因，有针对性地进行攻克。当孩子达到这个目标时，如果能得到成人的肯定，那一定会给他很大的信心，孩子也会从比较中体验到幸福和快乐，有勇气去迎接更大的挑战。

事实上，每个孩子都是一个独一无二的个体，是不可替代的，孩子的能力会以多种方式表现出来，你如果对他没有全面了解就下结论是不公平的。根据孩子独特的天赋，制定适合他发展的目标，再加一点鼓励的技巧，这样，当孩子获得一个个"成功"的时候，他离优秀也就不远了。

上面讲的是一般的情况，当然，我们还应根据孩子的心理状态和性格特点运用一些特殊的技巧。比如：当孩子处于高潮时，用点横向比较可以激发他更上一层楼的动力；孩子处于低潮时，充分运用纵向比较手段可以提升他的信心。对一贯表现出色、信心充足，甚至有点骄傲的孩子，用横向比较可以使他知道天外有天、人外有人，祛除骄傲自大心理；而对那些屡战屡败、成绩不佳、自我感觉不好的孩子，则要充分运用纵向比较，重塑他的信心，以利再战。

▶▶ 扬长避短是唯一的一条成功之路

就算逼着诸葛亮天天练武恐怕他也只能给关云长提靴子，爱迪生天天画蛋也成不了达·芬奇。成功者尽管走向成功的路径各异，却有一定之规，那就是扬长避短。如果不顾孩子身心发展的特点，不管孩子能否理解，是否有兴趣，是否乐意学习，也不注意选用适当的方法，只是一味地往孩子的小脑袋里灌输各种知识，结果可想而知。

其实，每一个孩子，都有上天赋予他的独特才能，每一个孩子都等待在这个世界上施展他的天赋。爱动的和不爱动的孩子，说话多和说话少的孩子，喜欢热闹和喜欢独处的孩子，并没有什么好与不好之分，他们只是很不一样。你的孩子虽然不会弹钢琴，但他可能游泳很好；你的孩子虽然对计算没有兴趣，但他可能很喜欢听故事、编故事……作为培养孩子的第一人，父母有责任宽容客观地认识、看待自己的孩子，了解孩子的优缺点，不要把目光总盯住孩子的不足之处，更不要因孩子的一时失误而否定孩子，只有立足于发现和利用孩子的潜能，给予积极地引导和开发，才能让孩子天性中的潜能逐渐显现并发展起来，为孩子美好未来打下良好的基础。

我们可以按下列 3 个步骤挖掘孩子深藏体内的潜能：

第 1 步——发现天赋

一般来说，孩子的优势潜能，往往就表现在他最感兴趣、最擅长的东西上面。只要我们成人在日常生活中认真仔细地观察，再加上多领域、多层次、全方位地试探，你总会发现孩子身上的天赋。

比如，孩子接连不断地提出某一方面的问题，聚精会神地听某方面的讲述，或者津津有味地谈论某一方面的事情，专心做某方面的小实验，等等，预示着孩子可能在这些方面潜藏着潜能；再比如，孩子开始说话很早，说起话来滔滔不绝，对语言记忆力很强，喜欢当众说话，擅长演讲，这表明孩子有语言天赋；对声音很敏感，爱听有节奏的声音与乐曲，学习新歌曲毫不费力，这表明孩子有音乐天赋；另外，性格也是孩子天赋的"显示屏"，比如那些一旦自己的意见遭到别人否定就容易掉眼泪的孩子，内心世界丰富，长大后极有可能在艺术方面有所创收。

当然，最了解自己的人永远是自己。我们更应该帮助孩子摆脱诸多的限制，做一个尽可能能够释放自己天性的孩子，孩子会在做全新自己的过程中，更多地了解自己的内心，更有机会发现自己的优势所在。

第2步——尊重优势

美国作家查尔斯在他的著作《按照天性养育孩子》一书中写道："每个孩子的生活都以某种线索和符号标志出他应该发展的方向。有头脑的父母会抓住孩子身上的这些线索和符号。父母养育子女的基本原则应该是按照孩子的天性去养育他。"如果孩子喜欢动物，不喜欢乐器，就不要强迫他弹钢琴；孩子喜欢运动，不喜欢画画，就不要逼着他学画画。

相反，成人应鼓励和发展孩子的优势。如果孩子对恐龙、对动物有兴趣，你可以带他去自然博物馆，和他一起买关于恐龙、关于动物的书，鼓励他对这方面的研究，孩子长大时，成为生物学家的可能性就比较大；如果孩子特别喜欢打球、游泳等体育活动，就为他提供条件，说不定就能培养一个世界冠军……总之，你必须明确，每个孩子都有各自的优势和劣势，不要过于把注意力放在孩子的劣势上，而要把关注的目光多放在孩子的优势上，帮助孩子开发、利用好自己的优势，协力创造出一片美好的天空。

第3步——解放天性

这里"解放"真正意义就是：要营造一种民主和谐、充满人文关怀，崇尚个性，追求独特风格与创新精神的宽容氛围，只有这样，才能使孩子处于一种愉悦的心理状态中，促进孩子的个性化学习。

1974年，英国乔安·佛里曼教授开启了这样一项研究：她将210名在数理、艺术与音乐领域中具有特殊天赋的孩童列为观察对象，结果发现只有3%的孩子可以将这些才能发扬光大，更上一层楼。而之所以会出现孩子潜能受阻的情况，佛里曼指出，有些做法激进的家长会给这些具有特殊天赋的孩子过多的压力，甚至将他们与同龄的朋友分开，只为了发展所谓的特殊潜能。而正是由于他们无法像同年龄的孩童一样，拥有快乐的童年，反而没办法发挥潜能。佛里曼强调："具有天赋的孩子也是正常人，但是他们却必须面对特殊挑战，尤其是外界对他们不切实际的期望，使他们与同年龄的孩子相较之下，显得奇特却不开心。"

当然，发现孩子具有某方面的独特天赋，进而希望他的特长达到一定的水准，这样的想法本身无可厚非。但是，你的这些想法，往往会在不知不觉中给孩子带来心理上的压力，甚至让他对自己的天赋产生厌倦，让特长变"短"。

所以，你必须了解的是，即使孩子在某方面非常有天赋，这也并不代表着，他一定就得成为艺术家、学者、数学家、运动员等。抛弃你那不切实际的期望，或许他就能更好地发挥自己的优势，反而会达到人生的巅峰。

世界上没有完美的小孩儿

教育家苏霍姆林斯基说："犯了错误在众人面前受过批评的孩子往往会变得孤独。特别不好的是，他要学好的愿望与热情淡漠了，他要做个正直的、道德高尚的人的愿望从此受到了压抑。"

因此，作为父母，我们应该本着一颗宽容心，正确对待孩子成长过程中的缺点、错误。要知道"人非圣贤，孰能无过？"就连被人们尊称为"圣贤"的孔子也曾有过错误的言行举止，更何况是正在成长中的孩子？

当孩子做错了事时，热心、细心、耐心地帮助孩子找到错误的原因和改正的方法，才有利于孩子改正错误取得更大进步。更重要的是，也只有这样的教育，才能培养出宽容的孩子。

▶▶ 撒谎：建立健全家庭内部"容错机制"

绝大多数孩子都说过谎，而且谎话连篇、撒谎成性的孩子也不在少数，难道说谎是孩子的天性？答案是否定的！说谎不是孩子的天性，而是后天多种作用的综合结果。

在众多导致孩子撒谎的因素中，家长的责备是重要的一项。在孩子刚刚出现错误时，很多父母见孩子有点错误，不是大声责骂，就是用惩罚来对待孩子，孩子自然而然产生了逆反心理，同时，孩子感觉只要自己有错误父母肯定会责骂自己，趋利避害是每个人的天性，于是孩子决定通过谎言来避免父母的责骂和体罚，这是孩子谎言"出炉"的过程。

更为严重的是，由于传统观念的影响，很多父母认为孩子有了错误，就要受到惩罚，这是十分正常的事，因此在孩子有了过失后，有时尽管只是一点小小的过失，父母也不是打就是骂，使孩子在错误面前惶恐不安。殊不知，这样的教养方式不但不会让孩子认识错误，还会使孩子为逃避打骂而撒谎，当父母对孩子错误的责备和打骂形成一种习惯的时候，孩子的撒谎也就形成了一种习惯。

随着孩子编造借口逐渐习惯成自然，撒谎的技巧渐趋成熟，再加上孩子从撒谎中获得的"甜头"，孩子越发习惯于撒谎了，最终积习难改了。

这种情况提醒我们，孩子撒谎的根源在大人身上，解决孩子撒谎问题的关键是在你们的家庭中建立一种健全的"容错机制"。你要让孩子感到，对父母讲真话并不可怕，完全可以得到父母的谅解，而不必说谎。

例如，当孩子把饭打翻了的时候，你如果说"这饭怎么会弄得满桌子都是呢，要是有人帮我把它们捡起来就好了"就比责怪他"你怎么把饭弄得到处都是？下次再这样就不给你吃了"会收到更好的效果。

尤其是孩子主动承认错误以后，父母在处理上更应该以鼓励为主，肯定他说实话是好的表现："宝宝告诉妈妈了，真乖。"这样，也就等于在告诉孩子，说实话的孩子才是好孩子。

此外，你还要帮助孩子找到犯错误的原因，然后和孩子一起寻求解决的办法。高明的父母总是能让孩子在否定自己的过程中看到自己的成长，体会到更深刻的成就感。

另外，永远记住：榜样的力量是无穷的！大人要求孩子不要撒谎，自身一定要做好表率作用，给孩子树立诚实守信的效仿榜样。如果大人自己都做不到诚实守信，经常撒谎，是无法要求孩子不撒谎的，也无法取得孩子的认同。

如果孩子已经形成了撒谎的习惯，不要急。凡是习惯，既不易养成，也不易改掉，所以不要指望孩子一下子改掉撒谎成性的坏习惯，但只要孩子有改变的意向，而且有了进步，尽管进步是很小的，也要及时给予鼓励和赞赏，以强化和推动孩子向善的行为。

▶▶ 叛逆：将孩子当作独立的个体来对待

每个孩子都会经历"叛逆期"，处于叛逆期的孩子常表现为不受管教，不听话，喜欢与大人"顶牛"，对着干。"要我这样做，我偏不这样做，看你能把我怎么着"，可以说是叛逆孩子的内心真实写照。

究其原因：一是孩子意识到自我的存在，一般来说，从两三岁起，孩子自我意识就开始萌芽了，随着年龄的增长，他会表现出越来越大的自主选择性，不愿处处被压制；二是父母干涉过多，很多父母刚开始并不会意识到孩子自我意识的萌芽，仍旧过多地干涉他的生活，要求他必须顺从父母的决定。但孩子有了独立的欲望，想自己做主，就会觉得大人管得太多，并产生逆反心理；三是属于阶段性顶牛，孩子越长大就越希望大人把他当成成人看待，期望获得大人的赞赏与信任，如果这一心理需求得不到满足，孩子就会因此反感而和大人顶嘴。

如果细心分析这些原因，我们会发现一个共同的特质，那就是：孩子正试图同成人分离，掌控自己的人生。如果父母不顾孩子心理、生理变化，一味简单、生硬地管教，给孩子太多的压力，最终就会迫使孩子出现了逆反心理。

改善的办法是保持与孩子亲密而有间的亲子关系，不要再把孩子当作少不更事的孩子，而应将孩子当作独立的个体，平等对待。对孩子要求独立的想法给予支持；孩子遭遇挫折时，及时给予关心和鼓励及安慰，而在孩子取得成功时给予肯定和表扬。

具体来说：

1. 改变沟通方式

很多父母选择对叛逆的孩子责骂不已，但如果你想示范嘶吼，你得到的也将是嘶吼。当你能示范自我控制的时候，你其实是在教孩子怎样控制他自己。试着用低一点的声音说话，同时站在孩子的立场去考虑问题，并且让他知道你和他站在一边。如果他说自己想独自待一会儿，请后退但不要放弃。采取一种更精妙的方式。例如，不带攻击与责备地给他写张字条，说你非常想听到他的回话。但不管你用哪种方式，记住一点：让你们的对话保持开放。

2. 允许孩子表达自己的想法

改变你的认知：不要认为孩子小想法就是不对的。一定要让他把自己的想法表达出来，谁说得有理就听谁的。即便知道他在狡辩，也要耐心听他把话讲完，然后因势利导，帮助他认识到自己的错误。

3. 尊重孩子的意愿

既然孩子想当小大人的愿望很强烈，很多事情想自己决定。那么，不妨放手，让孩子自己去尝试。当他遇到困难或体会到任性的后果时，你再从旁协助并鼓励孩子继续努力，这就够了。如果条件允许的话还可以让他选择将功补过的办法来弥补过错，这往往是他最乐于接受的。

当然，即使孩子可能看上去像成人，但还未完全理性。你还必须划定界限，帮助孩子培养内在控制力。例如，当你认为他已经准备好独自安全地过马路、熬夜或者约会的时候，可以为他设立界限。然后试着说："你知道在我们的家里，规则是……"

4.扩大活动空间

平时可多领孩子参加一些集体活动，多带孩子与自己的亲戚朋友走动，鼓励孩子广泛交朋友，还可以多参加有意义的旅游活动，总之，力争把孩子从一个相对狭小的空间带到一个相对广阔的空间，这样有利于孩子视野和心胸的开阔，有助于他们的心理健康。

总之，要用温柔的方式与孩子接触、交流，解决与孩子之间的矛盾与冲突，如果能让孩子感受到来自大人的真切关系，再加上合适的交流、解决方式，孩子的叛逆心理就会大化小，小化无。

▶▶ 逃学：有针对性的弥补孩子的心理需要

三毛曾说"逃学为读书"。三毛的逃学，是为了逃避呆板枯燥的教育，换一句话讲，逃学，其实是为了吸取更适合自己的知识。

但在现实中，"逃学为读书"的孩子却是少之又少的。逃学的孩子，大多数是因为对学习没兴趣，却被寄予厚望、束缚太紧。因此只有利用逃学去暂时躲避一时，以使心里获得一丝轻松。还有些孩子则是因为父母感情不好，家庭关系复杂，孩子感觉到的更多是无助、无奈。于是，为了缓解自己心里的压力，他会寻找令自己更自由的空间，以此来忘却家庭给自己带来的痛苦。这可以说是孩子的一种排解，但也可以说这是他用麻醉的方式在逃避现实。

因此，面对逃学的孩子，父母不应该一味地责怪他，而应该首先努力了解孩子不愿上学的动机和原因是什么，再有针对性的创造条件弥补孩子的心理需要，让孩子既不需在逃学上去寻求满足，也没必要因为压力、现实而逃避。

试试下面的方法：

1. 反省自己，跟孩子交心

既然孩子逃学往往有家庭因素在里面，那么，大人就一定要先从自身找找原因，进行深刻反省。想清楚后，找个机会好好跟孩子谈谈心，先向他承认自己的失误（千万不要试图为自己的失误找开脱的理由，那样会让孩子感受到你的不真诚，会起到适得其反的效果），获得孩子原谅后，再问清楚他内心的真实想法，跟他一起探讨分析学习和不学习的理由和后果，努力将孩子的思想引向正规。

2. 家长与老师结成攻守同盟

家长与老师应该多接触、交流，有利于双方全面了解孩子情况。这样，孩子逃学后，也就更容易找到其主要原因，以便采取针对性措施改变孩子逃学的现状。

孩子出现旷课、逃学现象以后，家长应根据孩子的特点，请老师在班上给他安排力所能及的任务，使他改变不利的角色地位；学校也需要对屡次逃学的学生给以必要的处理，抓住机会做思想教育工作；还可以准备一个联系本，由孩子、父母、老师共同写联系内容。各方的努力之下，孩子一定会有一个新的开始。

3. 满足孩子正常的兴趣爱好

通过对逃学孩子了解和观察，我们往往可以知道他逃学后去干了些什么事情。例如，如果他逃学后只是为了贪玩或者为了兴趣爱好，去钓鱼、游泳、踢球等。父母就应该给孩子安排一定的娱乐时间。不要总是对他限制得太多，连正常的文娱体育活动都没有。孩子的正常兴趣只要得到一定的满足，自然就不会再通过逃学的方式来进行了。

4. 让孩子找回对学习的自信

如果孩子是因学习问题而逃离课堂的话，最有效的措施就是设法让他的成绩迎头赶上，增强孩子的自信心。当孩子对学习有了很高的认识和兴趣，自然是不会逃学的。

父母可请有经验的家庭教师到家中给孩子补课，或者与老师沟通，共同帮助孩子寻找成绩不好的原因所在，然后针对原因采取适当措施，最终让他的成绩提高上来。在这个过程中，对孩子的点滴进步，我们都要及时给予鼓励，给予他更多的关爱之情。

另外，成人还应该注意与孩子经常往来的都是些什么朋友。常言道："近朱者赤，近墨者黑。"如果与孩子来往的其他伙伴都是一些爱逃学、怕学习的孩子，他们之间就会互相影响，一起商量着逃学后去干什么、如何向父母撒谎等。所以父母要仔细了解和观察与孩子来往的其他孩子的表现，如果他们一起逃学，就应该与别的家长共同纠正孩子的逃学行为。

其实对于成人来说，不管孩子逃学的原因为何，最重要的都是成人对孩子的关心和督导。而且一定要有耐心，因为孩子的思想不是一下子就能扭转过来的，学习成绩也不是能很快就见效的。但你要相信，只要将自己的"关切之举"长期坚持下去，总会能够将"逃学少年"重新拉回课堂，变成"课堂学子"的。

▶▶ 早恋："曲线救国"好过"棒打鸳鸯"

近年来，早恋已经成为一个现实问题，该抱着怎样的态度去面对孩子的早恋一直以来都困扰着众多家长。

其实，从发展心理学来讲，当孩子进入青春期，性意识开始觉醒，这个时期，他们在关注自身的同时，把目光也投向异性，希望了解异性，并希望与异性交朋友，这种表现是十分正常的，代表了孩子的成长。

因此，父母不要草木皆兵，更不要给孩子下"不准与异性交往"的命令。其实正常的男女间的交往不但不应该去制止，反而应该在未发生此类情况时，给孩子营造健康的环境、宽容开放的机会，鼓励孩子与异性同学或朋友广泛接触，和异性自然、坦率、大方地交往。在这种健康的群体交往的过程中，既能消除孩子对异性的好奇感，又可一定程度上防止单独来往导致感情"迷失"的可能性。同时，还可以起到智力上互渗、情感上互慰、个性上互补和学习中互激的作用。

当然，这种态度不是意味着顺其自然，默许，甚至纵容孩子去早恋，而是要我们保持一种科学理智的态度来"曲线救国"，不要动辄就把男女同学的正常交往就看作是"早恋"，而加以棒喝、制止。

事实上，即使孩子真的早恋了，作为家长，也不宜把早恋看作是十分邪恶的事，不应把早恋和品质恶劣、不求上进画上等号。要认识到早恋只不过是孩子情感迷失的一个结果，是友情畸形的一种形式，只要科学引导，完全可以将其引向积极的一面。

一是可以在分析情感的基础上引导

如果发现孩子已经陷入了早恋，要保持冷静，要理解尊重他们的感情，并在理解的基础上赢得他们的信任，再以和风细雨的方式正确引导他们走出这段情感误区，绝不可以采用简单粗暴的方式来面对和处理，否则会适得其反。具体可行的办法是换位思考，站在孩子的角度，和孩子一起审视这份感情，包括和孩子心平气和地分析学习期间谈恋爱对学习是否有影响；让孩子权衡一下在学习阶段学习和恋爱哪个重要；引导孩子推测早恋的最终结果将会是怎样？相信通过这样的引导，孩子会有自己正确的判断，并做出正确的选择。

二是可以在弥补情感的前提下引导

根据马斯洛需求层次理论，爱情的需要产生在第三层次——社交需求，同时也是个人渴求得到家庭、团体、朋友的关怀爱护理解的阶段。另外，现在的孩子学习任务比较繁重，学的东西也比以前要多，来自父母、学校、甚至社会的压力，很容易产生烦恼情绪和心理失衡，也让他们更加渴望心理救助和情感支持。而此时最敏感地察觉同伴心理烦恼的，往往是某位与其相好的异性。这就好像落水者遇到救生船，是孩子容易与"知心"的异性产生亲密感，觉得"只有对方最在乎我，最理解我"，两个人闪电似的好起来的重要原因。

让孩子感受到家庭的温暖，父母的关心、理解，他们就不会将情感需求转移到特定的同学身上。而且，更重要的是，在这个过程中，你也许还会找到造成孩子早恋的真正心理因素。不管是缺乏家庭温暖，还是希望缓解内心压力，你都可以对症下药，找到解决途径。

三是可以在健康有益的活动中引导

发现孩子早恋后，父母应鼓励孩子积极参加有益身心健康的活动，以转移他们的注意力，发泄其充沛的精力，比如，多让孩子参加由学校或其他社会公益机构举办的集体活动、社会实践活动、公益劳动等，在锻炼身体、增长见识的同时，又可转移孩子对异性的过多关注，是一种切实可行的有益身心健康的益智养性方式。

另外，还可以鼓励孩子根据个人兴趣，发展个人正当爱好，如阅读、学习书法、集邮、体育锻炼，等等，使课余时间充满情趣、充满快乐，这样，就会减少对异性的过多关注，弱化对异性的浓烈情感，可能就会从早恋的"误区"中慢慢走出来。

心理制裁比对孩子打骂更管用

"当父母打你的时候，你心里想什么？"一份关于孩子家庭教育问题的民意测验中这样问道：

A.改　　　　　B.怕　　　　　C.恨

设计者的想法是，若有 50% 的孩子在父母打自己的时候，心里想"我再也不犯了，一定改"，那么，"打"这一教育手法就不应该废除。

结果呢？800 份问卷，选"改"这一项的居然是零！40% 的孩子想到的是"怕"，60% 的孩子想到的是"恨"。

可见，对犯错的孩子打骂只能帮孩子发展出更强烈的反抗和挑战。事实上，这也关系到孩子日后对人生、社会的看法——一个从小挨打的孩子，一个心里充满仇恨的孩子，长大后必然会苛刻而冷漠地对待这个世界。相关调查研究也表明，长期生活在充满家庭暴力环境中的孩子，长大后更具有暴力倾向。因此，我们必须学习有效的方式去规范孩子的言行，而不是用惩罚。

一个最好的方法就是心理制裁。

▶▶ 用沉默无声的行为感召孩子

其实，孩子只要知道自己做错了事或闯了祸，都常常会产生一种内疚感或恐慌感。这两种心态纠合在一起，会形成孩子做错事后强大的心理压力，促使他反思和改正自己的错误。这时，如果父母用沉默无声的行为来暗示孩子，感召孩子，就会得到"不令而从"的效果。

例如，著名教育家陶行知，当年在育才学校任教时，班中的一位女孩在考试题中少写了一个标点，结果被扣了分。试卷发下来后，她偷偷地添上了标点，来找陶先生要分。当时陶先生虽然从墨迹上看出了问题，但是却并没有挑明，而是满足了女孩的要求。不过，他在那个标点上重重地画了一个红圈。女孩顿时领会了老师的意图，惭愧不已。多年以后，已经成人成才的女孩找到陶行知先生说："从那件事以后，我才下决心用功学习，才下决心做个诚实的人。"

这就是沉默的力量！陶先生的一次"沉默"不仅没有妨碍孩子改错，反而促进了孩子更好地做人。试想，如果陶先生当面指出真相，结果会怎样？不是女孩被迫认错，就是她一时碍于情面，死活不认。但无论哪种结局，孩子的自尊心都将受到伤害，更谈不上什么教育作用了。

作家莫言也曾说过："大爱无言，沉默也是一种教育。少了一些聒噪和唠叨，孩子反而可能会有更多理性思考的空间。"因此，现实生活中，当我们发现孩子的言语轻狂放肆或是行为不够检点时，不妨也试试采沉默的态度，它往往能让孩子感到父母身上有一种令人敬畏的力量，于是会自觉地收敛起不良行为。

但选择沉默，并不意味着对孩子不闻不问，放任自流，而是时时刻刻对孩子做出暗示。比如：

不予注意

对孩子不符合父母正确期望的行为，比如骄傲自满等，采取"不予注意"的态度，视若不见，听若不闻，取消对其赞扬、鼓励，使其情感上"被疏远",行为上"被轻视"。这会使孩子心理上由焦虑发展为对自己的动机、态度和行为的反省,进而醒悟自己的过错。之后,再顺势加以教育疏导,效果会更好。

"冷冻"处理

当孩子犯了错误却任性娇气时,父母有意识地"冷冻"气氛:表现出冷淡的神情,冷眼盯视,甚至连冷淡的话也不说。这种"冷冻"式的"心理制裁"具有"此时无声胜有声"的效果,能使孩子的哭闹变得无效,发脾气受到冷遇,促使其心理紧张并开始"收敛",为父母下一步施教创造条件。

严肃注视

就是在孩子做错事后,本来应当批评,可是盯着孩子一言不发。这种引而不发、导而不牵的方式,可以促使孩子"内心的道德法庭"对自己进行审判。例如有位父亲发现儿子缺课去玩电子游戏机,就到游戏机房找到他,严肃地盯着他,一言不发。儿子马上背起书包上学去了。一连两天,父亲都闷声不响,儿子则心事重重。第二天,儿子放学回家,对父亲说:"你什么时候骂我一顿啊?"父亲说:"你这几天不去玩电子游戏就行了。"说得儿子低下头自我批评:"爸爸,我错了,以后保证不缺课了。"

▶▶ 用旁敲侧击的暗示引导孩子

相信"列宁打碎花瓶"的故事很多家长和孩子都耳熟能详。

8岁的列宁,有一次到姑妈家做客,在和表兄妹们做游戏时不小心打碎了一只花瓶。

不过,当时没有人看见,因此,当姑妈问是谁打碎的时候,列宁也和其他的孩子一样说"不是我"。但是,玛丽亚·亚历山大罗夫娜——列宁的母亲，却从孩子的表情上知道花瓶是列宁打碎的。不过，她没有直接揭穿这个"骗局"，因为这位明智的母亲知道，最重要的不是惩罚，而是教育儿子在犯错误后勇于承认错误，做一个诚实的好孩子。于是，她装出相信列宁的样子，在3个月内一直没有提起这件事。

不过，母亲虽然没有提这件事，但却每天给他讲各种各样的诚实守信的美德故事。母亲相信提供充分的时间会让孩子进行自我道德评价，在内心深处萌生出羞愧感，让他自己纠正自己的谎言。而在这段时间里，母亲也确实明显感觉到列宁不如以前活泼了，似乎在受着良心的煎熬。

终于，一天临睡前，在母亲又像往常一样给他讲故事时，列宁失声痛哭起来，哽咽着对母亲说："我欺骗了姑妈，那个花瓶其实是我打碎的。"母亲听了非常欣慰，笑着安慰道："你是个诚实的好孩子，给姑妈写封信，向她承认错误，相信她一定会原谅你的。"列宁马上起床，给姑妈写了一封道歉信。

孩子们从这个故事中可以学到要像列宁一样有敢于承认错误的勇气，父母们则更要学会列宁的母亲这种引导孩子勇于承认错误的教育方式。她没有选择当面拆穿孩子的谎言的方式，而是用很多故事对孩子进行旁敲侧击的暗示、引导孩子，这是非常有艺术的教育方式。

▶▶ 用亲身体验的感受唤醒孩子

成长需要体验，体验带来经验，而经验带领孩子成长。作为一种惩罚手段，它意在让孩子体会到他们的行为给自己或者他人带来的影响，从而知道对错。

从方法上来说：

一种是自然后果法

这是法国教育家卢梭提出来的教育方法，是当孩子在行为上发生过失后，父母不给予另外的批评和惩罚，而是让孩子自己承受行为过失造成的后果。这样可以让他更加深刻地认识自己的错误，从而引起悔恨并加以改正。

在运用过程中，父母要尽量减少对孩子行为的干涉，让孩子自己选择，他会在实践中尝到自己选择的后果。你可以和孩子讲清道理，让孩子懂得某种行为可能带来的后果，但不要教训他，因为过失所造成的后果将会给孩子适当的教训。更不要总是不停地唠叨、埋怨，孩子就会转移注意力，会觉得保护自己不受谴责和维护自尊心才是最重要的，因而有时候甚至反其道而行之。

同时，父母要态度坚决却充满爱心。有的父母在运用这种方法的时候，只记得要惩罚孩子，因此常常放弃了父母应该具备的爱心。这样的教育，就不再是"自然后果法"，而变成了父母对孩子的惩罚行为。

当然，这里的"后果"必须是不很严重，孩子能够承受得了的。一般来说，只有当过失后果不会损害孩子身心健康的时候，父母才可以让孩子尝尝这种后果带来的惩罚，如孩子挑食，父母可以让孩子尝尝挨饿的滋味；孩子不好好穿衣服，父母可以让孩子尝尝受冻的滋味；孩子固执，父母可以不管他，让孩子感受到固执带来的麻烦。

另一种是还施彼身法

许多孩子只习惯于从自己的角度思考问题，而不习惯于站在别人的角度上思考问题。要消除这种现象，办法就是"以其人之道还治其人之身"。当孩子也体会到对方的感受，就能够站在对方的位置思考,能够设身处地地多为对方设想,就会慢慢改掉不好的习惯,养成好性格了。

比如,当看到别人生病疼痛时,要让孩子结合自己的疼痛经历感受并体谅他人的痛苦,从而为他人提供力所能及的物质和精神上的帮助。某地发生灾情,父母可以引导孩子:"那里的小朋友没有饭吃,很饿;没有衣服穿,冷极了。想想,如果你在那里,会怎么样?我们是不是该给灾区的孩子们多捐点衣服、食物呢?"

引申下来,对于喜欢撒谎的孩子,父母也可以让他亲身体会一下被骗的滋味。例如,允诺孩子下午带他去看电影,等与孩子一起穿戴整齐,到了车站之后,突然告诉他:"孩子,今天不去看电影了。"孩子的情绪可想而知,这时,你可以搂着他,轻声解释说:"这就是被谎言欺骗的感觉⋯⋯说真话是非常重要的,我刚才对你们撒谎,感觉糟透了,我不愿意再撒谎,也相信你们也不愿意再撒谎了,明白吗?"而且,即使孩子认错、保证,也要坚定地告诉他:"今天不会去了,但以后会去。"心情的失落和沉重,一定会给孩子留下深刻的印象,并时刻提醒着他,谎言会给别人带来伤害,因为他亲身经历过。

|第七章|
原则的家——训子千遍不如给孩子好习惯

家庭教育，一方面要宽容，允许孩子在"试错"中成长，但同时更不能丢了原则。正所谓"国有国法，家有家规"，父母用一些言行规范约束孩子，让他从小就明确是非曲直，学会判断优劣，这对于他的一生来说都至关重要。事实上，大多数成年人的不良行为习惯都源于孩童时期没有受到很好的管教。因此，我们应该抓住习惯形成的最佳期，对我们的孩子进行良好品德和行为习惯的教育培养。

加强孩子自控能力的培养

自控力，顾名思义是指一个人自我控制的能力，是一个人为了完成某项任务而自觉地抑制那些不符合既定目标的愿望、动机、行为和情绪的能力。它是一种具有高度的忍耐力和善于克己的表现。

不管是生理原因还是心理原因，孩子自控力差都是事实。但自控力的重要性却也是毋庸置疑的。因此，我们急需找到一种方法，来促进孩子自我控制能力的发展。当孩子发展起自控能力以后，他们就能控制冲动，学会等待并能延期行为，忍受挫折，延迟满足，开始尝试制订计划并执行计划……虽然我们看不见、摸不着，但自控力时时处处都在影响孩子的成长和发展。

▶▶ 强化，对自控能力的形成有重要意义

20 世纪初，生物学家巴甫洛夫提出了生物界著名的"强化定律"。巴甫洛夫以狗做实验：先给狗发出铃声或灯光，紧接着给狗食物。这样多次结合后，即便没有给狗食物，狗也会在铃声或灯光中分泌唾液，也就是形成了一种"条件反射"。美国的心理学家斯金纳进一步发展了强化理论。他认为：人或动物为了达到某种目的，会采取一定的行为，当这种行为的后果对他有利时，这种行为就会在以后重复出现；如果不利，这种行为就会减弱或消失。

那么同理，对孩子自控行为多次重复的激励，也可使他的自控行为容易完成和保持，这对孩子自控能力的形成具有重要意义。

其实，作为一种十分重要的教育方法——强化，许多为人父母者可能都曾用过此法，但效果却并不明显。主要是方式方法的问题。要知道，强化也应结合孩子的心理特点并采取恰当的方式，否则就难以达到预期的教育目的。你应该在以下几个方面加以注意：

强化时要营造氛围

强化，首先应该营造出一种愉快和谐的氛围。如果总是在充满火药味的氛围中强化孩子，最终往往是闹得双方"反目"，形成一种难堪的僵局。只有在平和的氛围中，孩子才能冷静地思考自身的问题，领悟成人的良苦用心，并会积极努力地按照成人的要求去做。

强化目标要切合实际

由于孩子的进步大多是一个循序渐进的过程，因而父母的强化目标也应具有渐进性。如果以拔高目标的方式来强化孩子，非但起不到应有的强化作用，还很容易伤害他的自尊心和自信心。

为了让孩子明确奋斗进取的方向，我们最好是由低到高、由易到难地将强化目标逐步而具体的向孩子提出来。比如以表现很好的孩子的同班同学做"标杆"，让孩子不断地朝"标杆"靠拢，往往会收到很好的强化效果。自然，这个"标杆"应该是孩子在经过努力奋斗、顽强拼搏之后能够实现的目标。

强化要及时、具体

研究表明，强化的时间和所强化的事情发生的时间间隔越小，效果就越大。也就是说父母对孩子的强化要及时。只要孩子有了自控的表现，父母就应立即赞扬，这样才能强化他的内在驱动力，使他保持这种状态。否则时过境迁，也不能起到强化行为的作用了。

强化语言要避免空洞

父母在强化孩子时，也要讲究一点语言的艺术。比如，孩子被同学们推选为班长，当他回家把这个喜讯告诉家长时，如果家长只是高兴地说："我儿子真棒，真有出息！"这种表扬对孩子并无多大强化作用。而如果在后面再补上一句："当了班长，就该用一个班长的标准来严格要求自己，在各方面都起到良好的带头作用。"这既蕴含着父母的信任和期望，又给孩子提出了更高的要求，对他产生更强的强化作用，促使孩子更加努力进取。

其实，强化手段不仅适用于自控习惯的养成，当我们懂得了运用刺激和行为的关系后，就等于掌握了一把培养孩子各种良好行为习惯的钥匙了。

▶▶ 给缺乏自控力的孩子试试祖母原则

美国心理学家大卫·普雷马克曾经做过这样一个实验：他让一群孩子从两种活动中选择一种：玩弹球游戏机或吃糖果。当然一些孩子选择了前者，一些孩子选择了后者。有趣的是，对于更喜欢吃糖果的孩子，如果把吃糖果作为强化物，便可以增加他们玩弹球游戏机的频率；相而对于更喜欢玩弹球游戏机的孩子，如果把玩弹球游戏机作为强化物，就可以提高他们吃糖果的数量。

由此，普雷马克提出：可以利用频率较高的活动来强化频率较低的活动，从而促进低频率活动的发生。用通俗的话来说，就是人可以用比较喜欢的活动，来强化不太喜欢的活动，就像奶奶经常对孩子说的："不把菠菜吃完，就别想吃冰激凌！"因此，普雷马克原理又称祖母原则。

现实生活中，我们也可以利用这一原理来达到教育孩子的目的

——即对于孩子不想做的事，父母可以规定：做完这件事，才能做一件他喜欢的事。这样就可以促使他完成自己不喜欢但应该做的事。

比如，列出一张这样的清单，贴到墙上：

首先完成：早睡早起。然后可以：周末去游乐场。

首先完成：吃蔬菜。然后可以：喝饮料。

首先完成：当天的家庭作业。然后可以：玩游戏。

首先完成：打扫自己的房间。然后可以：出去踢球。

首先完成：洗自己的袜子。然后可以：看动画片。

首先完成：练习20分钟的小提琴。然后可以：出去玩。

首先完成：期中考试取得好成绩。然后可以：买电脑。

首先完成：期末考试取得好成绩。然后可以：上网。

当然，在旁边还应该有一张时间表。

这样，就可以使孩子通过遵守这个条件，学会克制、忍耐，慢慢领会到大人说不行是有道理的，而认识到自己的问题。

不过，当我们真正运用普雷马克原理去激发孩子的行为时，还需要注意以下几点：

1. 正确选择激发物。家长在选择激发物时，必须了解与所要强化的学习行为相比，孩子更喜欢什么，并把后者作为激发物，方能有效。比如，我们可能觉得弹钢琴要比练毛笔字有趣得多，因此告诉孩子说："你放学后先写一百个毛笔字，然后我允许你弹一小时钢琴。"你以为这回孩子该好好练字了，可他根本不买账，因为他实际上宁愿多写毛笔字，也不愿弹钢琴。

2. 前后关系不能颠倒。必须用孩子喜欢的行为去激发他相对不喜欢的行为，而不能反过来用。比如，在看电视和做作业的问题上，有的家长常常误用，允许孩子先看电视，然后做作业，完全是本末倒置。你应该这样规定：必须做完功课才可以看电视，若功课没有做完或做得不够认真，则禁止开电视。

3. 必须严格执行。必须使孩子在主观上认识到两种行为之间的依随关系，如果在他心目中没有把喜欢的行为与不喜欢的行为联系起来，那么就起不到真正的作用。比如，有的孩子为了看电视，草草地做完作业，就要看电视，如果大人允许了，则是对他做作业草率、不认真这一不良行为的强化。因此，我们必须使孩子意识到，允许他看电视是对他认真按时完成作业的一种奖励，而不是随便怎样他想看就可以看的。

▶▶ 对孩子进行"延迟满足"的训练

20 世纪 60 年代，斯坦福大学心理学研究专家沃尔特·米歇尔曾做过一个著名的心理学实验——糖果实验。

他把一些四岁左右的孩子带到一间陈设简陋的房子，然后给这些孩子每人一颗好吃的软糖，告诉他们："我有事出去一会儿，你们可以马上吃掉软糖，但谁能坚持到我回来再吃将奖励一颗软糖，也就是说总共可以吃到两颗软糖。"结果有的孩子迫不及待地把糖吃了；有的孩子等了一会儿，但没能坚持住，也吃了那颗糖；还有些孩子为了抵制诱惑、得到第二颗糖，或咬住牙齿，或闭目低头，或喃喃自语，或玩游戏甚至去睡觉，坚持到最后。20 分钟后，米歇尔回来了，坚持到最后的孩子又得到了一颗软糖。

这次实验过后，心理学家继续追踪研究参加这个实验的孩子们，一直到他们高中毕业。长达 14 年的追踪研究结果显示：那些有耐心等待吃两颗软糖的孩子，事业上更容易获得成功。

这个实验除了告诉我们自制力的重要性之外，也给我们提供了一种锻炼孩子自制力的方式——延迟满足。

在"诱惑道具"的选择上，由于现在的孩子家庭条件都比较好，软糖对于他的吸引力或许已经不像以前那么大了，那么你可以在包装上做做文章，例如挑选色彩鲜艳、带有图案的各种水果口味的棒棒糖，当然，如果换成巧克力、冰激凌，或者 Ipad，那就更好了。

在实验时间上，可以一直继续下去，10 分钟、20 分钟、30 分钟，甚至更长时间。随着时间的不断延长，孩子的自控力也会增强，他或许就会拿到人生中更大更甜的"软糖"了。

不过，在对孩子进行延迟满足的训练中，有一点需要特别注意——不要只延迟而不满足。

实际上，"延迟满足"这件事跟孩子的信任感有很大关系。在软糖的试验中，那些马上吃掉糖果的孩子中有相当一部分当时觉得研究者不会给他们第二颗棉花糖了，所以才选择了马上吃掉而不是等待。

而我们都知道，孩子对他人的信任感，来源于家庭。"妈妈没带钱，下次给你买。""爸爸下次再带你去海洋馆。"……当你选择用这些玩笑话来搪塞孩子时，却不知道，孩子是不会开玩笑的——他觉得到了"下次"的时候，妈妈就真的会给自己买，而爸爸也就真的会带自己去海洋馆……所以，他现在不闹了，变得乖乖的，因为他觉得你给他许诺，就是真的。那么，当他一次次"上当"之后，就会渐渐地不再信任你，也不会再信任别人——"现在有软糖就赶紧吃，要不然这些大人跑路了，我就一个都吃不上了。"——即使长大之后，他也会本能地排斥那些需要漫长等待，但会在未来收获巨大回报的事，而只专注眼前的蝇头小利。因为在他心里，拿在手里、吃到嘴里的才是真的，而那些理想、信念、抱负，都是用来骗小孩子的谎话。

因此，如果你想逐渐锻炼孩子的"延迟满足能力"，那么在"延迟"之后，就一定不要忘了满足他。（事实上，延迟满足，英语是"deferred gratification"或者"delayed gratification"，字面上直接翻译就是"推迟的满足感"。比如，我想要一样东西，不过我等了很久才得到，而我得到东西的时候并不是抱怨"怎么现在才得到"，而是依然有满足感。）这样，孩子才能知道自己的等待是值得的，从而愿意为了目标而付出更多的努力，最后走向真正的成功与幸福。

▶▶ 在没有压力的环境下，孩子难以自律

承受沉重压力，孩子自然无法健康快乐成长，但在没有压力的环境下，孩子更是难以成长的。因为没有足够的压力使他前进，没有相应的手段对他进行塑造，任性放纵，为所欲为的结果就是导致他人格偏离和违法犯罪，造成对自己、对他人、对社会的危害。

正确的做法应该是：父母充分理解孩子所面临的压力，并适当调整教育的理念，为孩子营造一种适合其成长的、适度的压力。这样，他的自控能力及其他潜力才能得到发挥。

其实，通常我们之所以认为严格的教育会给孩子带来很多痛苦与压力，主要还是因为教育方法的不合理。很多时候，我们没有贯彻严格教育的决心，有时允许他这样做，有时又不允许，这才会给他带来痛苦。如果对孩子的教育是从小抓起的，他已经习惯了这种教育方式，是并不会感到难以承受的。

例如，老威特就曾将他的教子心经上就提过这样一个故事：威

特6岁时，我带他去村里的牧师家去做客，吃早餐时，他弄洒了一点牛奶。按我家的规矩，撒了食物是要受罚的，只能吃面包和盐。尽管威特很爱喝牛奶，但他红着脸迟疑了一会儿，终于还是没有喝牛奶。

我假装没看见，牧师家的人却沉不住气了，再三要他喝牛奶，可儿子还是不肯喝："我洒了牛奶，就不能喝了。"牧师家的人都说："没关系，喝吧，一点关系也没有。"威特还是不喝，于是，牧师全家推测，威特一定因为怕我责备才不敢喝。

于是，我让威特出去一下，然后向牧师全家说明了原因："威特并不是因为怕我才不喝的，而是因为从心里认识到这是约束自己的纪律，所以才不喝。"但牧师一家还是不相信，我只好说："那么我离开餐厅，你们再劝他喝，不过他肯定还是不会喝。"说完，我就离开了。

他们把威特叫了进去，无论如何劝说，威特始终都不喝。牧师一家实在没有办法，只好把我叫进去，儿子激动地流着泪如实地向我报告了情况。我听完后对他说："威特，你对自己良心的惩罚已经够了。我们马上要出去散步，你把牛奶和点心吃了，不要辜负了大家的心意，过一会儿我们好出发。"儿子听我这么说，才高兴地把牛奶喝了。

不允许做的事，一开始就不允许，孩子也就不会觉得有什么痛苦了。老威特正是根据这个道理，从威特一岁时起，就严格要求，并贯彻始终。

不仅如此，其实威特的故事，对于我们来说，还有另外一层借鉴意义，那就是：让孩子有一次压力感，但同时，你也要无时无刻地给他支持与帮助。例如，故事最后老威特对他说："威特，你对自己良心的惩罚已经够了。我们马上要出去散步，你把牛奶和点心吃了，不要辜负了大家的心意，过一会儿我们好出发。"父亲就是在用这种方式让孩子感觉到：父亲是关心自己的，爱自己的，而不仅仅是强迫他去做自己不想做的事情。

事实上，父母的支持，本身就对孩子缓解压力有很大好处，为了不辜负你的支持，孩子也会全力以赴，怀着积极的心态，从而激发出强大的自信与冲劲，并引发出潜能。比如父母对孩子说："看了你的成绩单，虽然我无话可说，但我知道你本来是有能力得到更好的成绩的。我和你的几个老师都谈过，他们深信你一定可以得到更好的成绩。我也相信你办得到，我知道你一向尽力而为，这一点最重要。我爱你，很关心你的一切，你需要我帮助你吗？"就比这样的说辞——"除非你用功读书，否则你永远上不了大学，看你这样的成绩单，将来只能去扫大街"好上不知几百倍。

最重要的一点是，当孩子承受压力时，父母要和他一起面对。要让孩子正确地认识失败和成功，认识到"失败"与"暂时挫折"的区别，帮助他分析失败的原因和过程，注意发现和肯定他在学习以外的优点和长处，同时辅以必要的严格要求，重新拟定计划，以求改正。适当的压力与一定的支持，这种合力既让孩子充满挑战的信心，又可以给他必要的指导，这样，他才更容易成长起来，也比较能掌握自己的情绪。

另外，你还应该明白，孩子是千差万别的，给孩子施压必须从他的年龄、他的实际出发，全面地了解和把握他的各个方面，从而审慎地选择有利的教育时机，运用恰当的方式，不能以成人的要求去要求孩子。在教育实践的过程中，还要不断细心观察，根据实际情况的发展变化，不断调节自己的教育手段，力求取得较好的效果。

帮助孩子树立良好的时间观念

和成人相比，由于生活阅历不足，孩子天生对时间有着"感知惰性"。例如很多家长对自己的孩子大都有着这样的印象：不管是穿衣服、吃饭、还是写作业，孩子都动作太慢，做事磨蹭、拖沓，而且大多数时候，不管你怎么催促，甚至冲他嚷嚷都没有效果。于是，大量的时间就这样被孩子浪费掉了。

所以，我们迫切地需要矫正孩子这种时间"感知惰性"，要让孩子及时意识到，时间是世界上最珍贵的东西，失去了就不会再回来。

▶▶ 和孩子一起制定纪律表、作息表

其实，孩子缺乏时间观念，与自身约束能力差有很大关系。这个时候，只是靠批评并不能改变孩子。不妨帮孩子制定能够约束他自己的"纪律表"和"作息表"，进而培养和提高孩子的时间观念。

"纪律表"的制作

纪律表，即把日常生活和学习中需要做的事记录下来，并设定一些纪律，以此来约束孩子的思想和行为。其制作原则为：

按照孩子的意愿制定。

没有人比孩子更了解他自己，而且按照孩子的意愿制定出的"纪律表"更容易让孩子遵守。因此，在家长完善"纪律表"的时候，一定要争取孩子的意见再制定，要站在孩子的角度出发，抛弃家长

的架子，不要用命令的方式，才能让"纪律表"发挥最大的作用。

必须切实可行。

"纪律表"不是一个空泛的概念，而应该是切实可行的。每一项都要具体明确，只有这样才能让孩子真正地集中注意力去做一件事。比如：放学后马上做作业，不做完作业不准看电视，也不准出去玩。

制定之初，灵活执行。

"纪律表"制定之初，对孩子的要求不要太高，可一步一步来。比如，只要孩子能做到先做完一部分作业再看电视，或者看电视和玩的时间比以往缩短了，就算进步了，逐渐再提高要求。

定时进行总结。

一定要让孩子知道，"纪律表"并不是一张白纸，最好一个星期进行一次总结。孩子顺利完成时，可以给孩子口头夸奖，或者实现孩子的一个愿望，或者给他买点他喜欢的学习用品等，作为一种奖励。同时，孩子没有顺利完成的时候，也要有一定的惩罚，以此让孩子知道，"纪律表"并非摆设。有奖励也有惩罚，这样才能让孩子顺利完成"纪律表"。

"作息表"的制作：

"凡事预则立"，如果能够帮助孩子制定一个简明且高明的作息时间表，他一定能充分地利用时间。其制作原则为：

尊重孩子的"生物钟"。

每个孩子的作息规律都是不一样的，都有自己固定的作息习惯。如果孩子的兴奋点在白天的话，可以多安排一些白天时间来学习，晚上多安排一点时间来休息；如果孩子是"夜猫子"，就可以晚上多安排一些学习时间，中午安排一些时间来休息。而且，和孩子一起讨论和制定的作息表，这个过程也会让孩子享受到自主权，感受到价值感和归属，因而更愿意配合执行。

留出自由支配时间。

我们发现，有的父母真想抓住孩子的分分秒秒，把他们的每一分钟都安排了，孩子紧张得不得了。这样，孩子是会出问题的，这样的教育更是有问题的。实际上，人的童年是一个需要做梦、需要犯傻的年龄，需要有一个自由生长的空间。孩子每天一定要有玩的时间，有自由自在的时间，有发呆和犯傻的时间。这是他们非常需要的。所以，不要怕孩子空下来，给他足够的自由支配时间，并帮助他有效地利用时间，发现生活的乐趣，展示自己的才华，才能使孩子更健康、更自然地成长。

一定要严格执行。

只有严格要求孩子，让孩子理解这种安排的意义，逐步自觉参与进来，并形成习惯，这份作息时间表也才真正有了意义。也许执行之初，你和孩子都会不适应，这时候不要焦躁，慢慢来。以睡觉为例，你可以提前几分钟就温和提醒孩子，如："还有十分钟就要睡觉了哦"，当孩子拖延、忘记之时，可以提醒她："在我们的作息表中，洗漱之后应该做什么？""我们的约定是什么？""我相信你能很好地遵守我们的约定。"或者你也可以适当地进行模糊处理，给孩子规定一些灵活的时间段，比如在几分钟之内必须起床，在几点到几点之间要睡觉，等等。

适时做出调整。

作息表也不是一成不变的。有时候需要适时地调整，如生活的变化，搬家、开始进入幼儿园等，这时候就需要适当调整时间。但原则上还是不要做大的变动，最好不要因为外部或者其他原因打乱你们的约定，保证至少有一位大人陪同孩子执行。

▶▶ "最后通牒"遏制孩子的拖拉习惯

我们应该给孩子充足的时间让他自己安排，但同时，我们还应该知道，如果孩子注意力不够集中的话，再多的时间也只是浪费。这种情况下，"制定最后期限"的方法，对于改善孩子拖拉习惯是切实可行的。因为如果家长可以在孩子做事前设置一个最后期限的话，那么孩子就会紧张起来，他会担心在规定期限内完不成任务而受到惩罚。长期如此的话，孩子就会主动、积极地做他应该做的事了。

在具体的实施过程中，我们应该这样做：

借助计时工具

对于孩子来说，很难有一个清晰的时间概念。我们可以借助一些有关时间的小道具，让孩子来感受时间的长短，并用于相应的时间限制。

例如，你可以和孩子一起到商店挑选一个喜欢的闹钟，在做作业前让孩子自己选定合理的时间去完成，然后给孩子计时，让他在自己规定的时间内完成。还有，沙漏本身就是一个很好玩的玩具。根据沙漏的时间来限定孩子的某一项活动时间，不像催促，更像是一场有趣的游戏。如在沙漏全部漏完沙时，要把玩具收拾完，这个时间的参照物，会给孩子的活动注入渴望快速达成的意愿，他们会找到与时间赛跑的乐趣。另外，定时器虽然大多用在厨房里，但也可以用在孩子的生活中，调整到限定的时间，如在 20 分钟的定时器报响前，必须把早餐吃完。这会让孩子有一定的紧迫感。这些方式比一味用语言催促"快一点"效果要好得多。

合理设定时间

一开始，孩子对时间的长短往往没有概念，父母不妨先帮他设定时间。第一次设定时，要给孩子留出较多的空余时间，让他能提前完成，以获得成功感。然后，让孩子自由支配完成后留出的空余时间，这样他就能体会到抓紧时间的好处。虽然要给孩子弹性的时间，但不能没有底线。父母要给孩子充足的学习时间，但也要给孩子设定一个完成的最后期限，这样，孩子才能在学习的时候集中注意力去完成。时间久了，自然就成为习惯了。

当然，最好是让孩子自己选定计时器的时间来完成任务，这样孩子做事的时间计划感就越来越强了。

坚定执行态度

一旦时间到了，家长要立即执行，态度要坚定。一方面要尊重孩子的选择，关注孩子的兴趣和需要，另一方面，必须要明确地告诉孩子一定的规则。孩子想出去玩，你可以对孩子这样说："你可以去玩，你也可以玩到天黑都不回家，但是，家里六点半仍开饭，过了开饭时间，再没有饭吃，想要零钱买零食吃，对不起，没有。"如果孩子在晚饭过后还没有回家，那么当孩子回来后哭着喊着要吃东西，你也要狠下心肠不能答应。

父母以身作则

家长是孩子最好的榜样，正所谓言教不如身教，在日常生活中，如果父母做事情能够雷厉风行说做就做，并且任何事情都能定时、守时、按时完成，那么对孩子就会形成一种榜样的作用。

▶▶ 心中有目标的孩子不会浪费时间

一个心中有目标的孩子，就不会浪费时间。梦想会在他身体的每一个细胞中生根发芽，并鼓励着他锲而不舍、坚韧不拔地朝着这个明确的目标前进。作为父母，你应该引导孩子根据他自身特长爱好和社会的需要，树立自己的目标。

和孩子一起描绘未来

许多父母会把自己的一些欲望灌输给孩子，希望孩子能够达成自己所没有完成的愿望，却不管孩子心里的真正想法。在这里，我们必须要明确：这是孩子的未来，而不是你的。所以，你要做的应该是知道如何用科学、理性的思想方法引导他们，并且和他们一起把基础教育的成果引向明确的人生理想、职业目标。不妨坐下来，安安静静地搂着孩子，和孩子一起畅想，无所顾忌地谈谈"我长大后，想要做……"，与孩子一起，共同规划孩子的未来，"设计"孩子的人生。

引导孩子制定明确切实的目标

理想不是空想，而是通过努力可以达到的目标，那些不可能实现的目标，只不过是美丽的肥皂泡，终究是要破灭的。因此，作为父母，你需要让孩子明确自己的现状。比如说帮孩子制订学习目标，家长首先要详细分析孩子的学习特点，是善于记忆，还是遗忘太快；是做题认真细致，还是经常粗心大意；弱点在哪里，长项又有哪些；哪些学科掌握得比较好，哪些学科还有进步的空间。然后再和孩子分析目前在班里的位置，自己的各科各有多大的发展潜力。让孩子明确自己的学习现状，知道可以在哪些方面取得进步，又应该在哪些方面进一步努力。

把大目标分解成阶段性小目标

孩子需要长远目标，但更需要保证他不被这个目标吓倒。因此，父母还应该告诉孩子把大目标分解成一个个小目标，最好具体到每一天需要完成的目标。这样才能激励孩子主动地发掘自身的潜能，自觉地积极地专注地去学习。

把道德品质的塑造放在家庭教子的首位

面对今天越来越复杂的社会，很多家长认为培养孩子诚实、无私、正直、宽容、负责等品质就意味着让孩子对人对事开诚布公、舍己为人、严于律己、宽以待人、敢于担当……结果势必使孩子吃亏得罪人。

其实不然，端正的品格，不管对社会还是对孩子身心发展来说，都起着重要作用。相反，只见知识不见人、分数第一的教育，才是"缺德"的教育。如果把做人的道理比作船上的舵，而把做事的本领比着船上的两只浆，两者相比较，舵是决定方向的，方向错了，浆划得越快，则偏离目的越远。高层知识分子犯罪率日渐升高就是一个不争的事实。实际上，导致他们犯罪的真正原因就是他们人生里缺少了做人这一课。所以一切有识之士都把告诉孩子做人的道理放在家庭教子的首位。

▶▶ 孩子身上最重要的品质源于他的父母

事实上，一个孩子是否无私、正义、宽容，首先要看他的父母是什么样子。正如小猫会从母猫那里学习如何逮老鼠的本领一样，孩子身上最重要的品质一定也是源于他的父母，孩子会从父母身上继承他们对待周围人的态度。托尔斯泰也说过："全部教育，或者说千分之九百九十九的教育都归结到榜样上，归结到父母自己生活的端正和完善的举止。"

一次体育夏令营活动中，发生了这样一件事。由于打弹球的孩子很多，比赛活动结束后，工作人员一时疏忽，在带孩子离场时忘记了一个小朋友，后来在游乐园出口检查人数才发现少了一个孩子。工作人员急忙返回去寻找。

那个小孩因为被遗留在偏远的弹球场，饱受惊吓，当工作人员返回球场时，孩子正哭得稀里哗啦。工作人员急忙安慰，可是孩子依旧大哭不停。在游乐场门口，孩子看见了妈妈，之前稍低的哭声顿时又大了起来。

妈妈看见哭得惨兮兮的孩子，急忙询问发生了什么事。在清楚了事情的原委后，年轻的妈妈没有责怪工作人员，而是蹲下来安慰自己的孩子，并要求孩子："已经没事了。那位姐姐因为找不到你而非常地紧张难过。她不是故意的，现在你必须去安慰她一下！亲亲她！"

只见那位4岁的小女孩踮起脚尖，亲了亲蹲在她身旁的工作人员的脸颊，并且告诉她："姐姐，事情过去了，已经没事了。"

这位年轻的妈妈给孩子树立了一个宽容的榜样，在孩子幼小的心灵栽下"相互理解，宽厚待人"的种子，相信这样的言传身教定会给孩子以巨大的影响，有助于孩子建立起怜悯、宽容的美好情怀。

也就是说，你希望培养孩子什么样的品格，你自己先要拥有什么样的品格。你希望孩子宽容，自己就要宽以待人；你希望孩子诚实，自己就要说到做到；你希望孩子正直，自己就不要投机取巧……否则，即使给孩子讲再多的大道理，也毫无意义。

有一位父亲在领取摩托车驾驶执照的考试中作了弊，回家后兴致勃勃地大谈自己如何"机智勇敢"地躲过了主考官，并为自己如此通过了考试而庆幸。没想到时过不久，儿子考试作弊，被老师"当场抓获"。父亲才恍然大悟，正是自己无意之中的一个错误行为被天真的孩子所模仿，抵消了平时无数次的正面说教。

所以说，我们每一个做父母的，都应该加强学习，努力提高自身的修养，并自觉对孩子施以正确的道德影响和道德教育，让孩子在潜移默化中养成良好的习惯和优秀的品质。

▶▶ 换位思考中建立起孩子的同理心

同理心的培养是德育的一项重要内容。拥有同理心的孩子，能更敏锐地体察他人的情绪，不但善解人意、乐于助人，也更易得到他人的帮助，这对他日后人际关系的健康发展至关重要。

什么是同理心？简单地说，就是能够站在对方立场上思考和处理问题的能力。从这个意义上来说，如果父母能够将换位思考的教育融于日常生活小事中，让孩子学会理解人、体谅人、帮助人，孩子长大之后，自然就会成长为一个有同理心的人。

从方法上来说，包括：

强调影响而非行为

孩子犯错时，如果强调他的错误行为对别人产生的影响，孩子的同理心就会较敏锐，比较愿意站在他人的立场上考虑问题；如果一味就事论事，责怪孩子错误的行为，孩子的同理心就会不足，甚至缺失。

父母可以以自身为例，如，他在外面玩疯了，总是忘记告诉爸爸妈妈自己在哪儿。我们可以这样跟他说："假如我是你，你是我。我在外面玩而不告诉你我在哪儿，天黑了，我还没有回来，你怎么想？"也可以这样引导孩子思考："如果自己不小心伤害了别人，而别人不原谅自己，那自己的感受又如何呢？"

如果孩子真的能从对方的角度去换位思考，那么他就会明白对方会有什么样的感受，也就可能会因此而改掉这个不好的习惯。因为每个孩子都是单纯而善良的。当他们意识到自己的一句话、一个举动可能伤害到别人，给别人带来烦恼的时候，就会觉得很不安。从而懂得体谅别人、尊重别人，逐渐培养起替别人着想、理解别人、站在别人的角度来考虑问题的好品质。

和孩子角色互换

和孩子一起做做角色互换游戏，也可以让他学会换位思考。例如《爸爸去哪儿》中的爸爸张亮，与儿子角色互换，让儿子来当村长发号施令，而他则扮演儿子在一旁捣乱不听话，这样孩子就能站在家长的角度想问题了，也能理解家长的不易了。

现实生活中，你可以先让孩子在想象中进行：请他闭上眼睛，按照你的话去想象一下："现在你是孩子的家长，工作很辛苦，在外面工作了一整天，周末加班到很晚，很累了，回到家里，儿子非要让你去踢足球，而你还有很多家务，房间里乱七八糟，晚饭还没有做，而儿子一点都不理解你，他执着地要求去踢足球，你怎么办？"

如果孩子的答案是："没有什么，孩子让你去踢球，不也是一种放松吗？"你就需要实行第二步——引导孩子用行动去"换位实践"：找一个星期天，家长当孩子，让孩子做"一日家长"，安排一天的生活，而家长一切等"一日家长"安排。如做饭时，也要听"一日家长"指挥，家长按要求做。通过换位实践，再让孩子说体会时，相信你就会得到不同的答案了。

此外，还可以让孩子扮演其他角色。例如，孩子嘲笑残疾人时，你就可以让他在游戏中，体会残疾人的不容易。比如，蒙上他的眼睛，让他尝试在看不见的情况下走段路，体会下盲人的不易；或者规定他只能用一只手拿东西、吃饭等，让他体会手残疾人的不易等。

其实，同理心不仅体现在对"人"的态度上，也表现在对"物"和"事"的态度上。只要我们把日常生活中的点滴小事都当作一次教育契机，一定可以让换位思考潜移默化地植根在孩子的心底。

▶▶ 平等关系，可以激发孩子的责任感

我们都知道，责任感是人格的重要组成部分，是一种高尚的道德情感，是人们对自己的言行带来的社会价值进行自我判断后产生的情感体验，标志着一个人在道德上所能达到的成熟程度。

也许有些父母会对此不以为然："小孩子你让他承担什么责任？"这种想法是不对的。首先，孩子需要责任心和责任感，没有责任心和责任感的孩子自私、冷血、无情，不懂得分享，不能和他人友好相处。其次，责任心和责任感的培养不是一朝一夕的事，而是一个逐步发展的长期过程，如果从小不培养孩子的责任心和责任感，等长大了再去培养、建立，显然为时已晚。

因此，父母必须要从孩子懂事起，就通过日常生活的小事逐渐养成孩子的责任感。

其实，一个人的责任感和价值感是紧密相连的。他只有看到自己的行为能对他人产生影响，能够得到别人的喜爱和尊重，才能油然而生自豪的感受，并且从中增强自己的责任感。

看下面这个例子：

有一年，爸爸工作调动，妈妈和他们3岁的女儿就跟着一起搬到了一座新的城市。

女儿进了新的幼儿园，结交了新的伙伴。两个月后，幼儿园要开家长会，邀请妈妈去参加。妈妈对这座城市还没有完全适应，也从来没有去过那家幼儿园。在去参加家长会的路上，妈妈半开玩笑地对女儿说，"宝贝，在你们幼儿园里，妈妈可是一个人都不认识，因此有些紧张，到时候你可得帮帮妈妈呀！""没问题！我认识那里的每一个人，包括那些每天接送小朋友的爸爸妈妈。"女儿认真地回答。

女儿陪妈妈来到会议室，非常严肃地把妈妈介绍给校长以及其他老师，并且认真地将小朋友一一指给妈妈看，告诉妈妈他们的名字以及哪位是他的爸爸或妈妈。接着，女儿把妈妈带到一个沙发面前，并给她端来了一杯水，"妈妈，你先坐在这儿，我去趟厕所，一会儿就回来。"

你看，这就是3岁的孩子表现出来的价值感和责任感。而这，正是因为她的妈妈在无意之中，表现出了与她的平等关系，这才大大激发了孩子的价值感和责任感。妈妈告诉女儿，自己有些紧张，意味着妈妈信任她的品德，不会嘲笑他人的窘迫；妈妈希望女儿帮忙，意味着妈妈相信她的能力。

在亲子关系中，平等的前提是把孩子看作一个"独立"的人，因此，在家里，父母要让孩子意识到自己也是家庭的一员，是这个团体的重要组成部分，他们也有责任帮助父母做一些家里的事，做一些团体的事，在力所能及的范围内对家庭和团体尽责。只有这样，在孩子长大以后才有可能为社会尽责。你可以给孩子分派适当的、力所能及的任务，如打扫卫生、取报纸、负责给花草浇水等，并及时对孩子所做的一切给予鼓励。

但要注意，这个鼓励不能是物质性的。因为如果给孩子一些零钱或其他东西作为奖励的话，物质便成了孩子做事情的动力。这样做不可能培养孩子的责任感。在孩子完成了自己应该做的事情，妈妈可以给予肯定，满意地点点头或说声"谢谢"，或许微笑或亲昵的表示也是一种奖赏；完成得不好，妈妈也要心平气和地说，"这一件事，你做错了，应该这样做……"而不是那种动不动就吹胡子瞪眼，动不动就三巴掌的粗野做法。总之，父母耐心的引导和严格的要求，是培养孩子责任感的最有效的做法。

另外，你也要经常和孩子谈谈自己的内心感受和社会体验。让孩子参与家庭事件，跟孩子谈论生活烦恼，听取孩子对家庭生活的意见，甚至让孩子当一段时间家庭的主人，这样孩子就会在心中生出对家庭的责任感，进而生出对社会的责任感，成为一个负责任的人。

当然，我们还可以将其扩展为社会事件，安排孩子适当从事一些力所能及的社会工作，比如帮邻居送信、照看邻居的小弟弟小妹妹、陪爷爷奶奶说说话、帮助孤寡老人、残疾人做点事，带孩子参加居民区的卫生、绿化劳动，鼓励孩子在幼儿园、学校做好值日工作等等。千万不能以"怕孩子吃亏"的狭隘思想来束缚孩子，只要孩子有能力去做，能够承担责任，就不要阻拦。在社会活动的实际锻炼中，孩子会逐渐感受到自我存在的社会价值，也会不断增强他们的社会责任感。

▶▶ 必要的规矩和礼仪，必须立

在一定程度上，规矩和礼仪反映出一个人的内在修养，体现出这个人的文明程度。在人际交往活动中，它们将会发生重要作用和影响，可有助于建立一个良好的人际交往关系网。毕竟，谁都喜欢和有文明素养的人来往。

规矩和礼仪的建立不是一蹴而就的，是需要从小培养的，因此尽管孩子还小，但一些必要的规矩和礼仪还是需要懂得和遵守的，比如在穿着、就餐、说话等方面都要"遵章行事"，这样才能让他逐渐养成良好的行为习惯，为以后建立一个良好的人际关系网打下坚实基础。

很多规矩和礼仪需要在家中就应该建立起来，而且要趁早，否则孩子容易为所欲为，恣意行事，养成坏习惯。坏习惯一旦养成，就很不好改，因此一定要在孩子"懂事"之后，就要给孩子"立规矩"。

一般来说，孩子6岁前就明白了一些事理，在此阶段，大人要抓住适当的机会，教给孩子相关的规矩和礼仪的知识，告诉孩子这样做才是懂礼貌的好孩子，才能得到别人的认可和表扬，还可以进一步给孩子解释一下这些规矩和礼仪的来历，以加深孩子的印象。

要教孩子学会规矩和礼仪，就是要让孩子明白都有哪些规矩和礼仪要遵守，比如：

不要有粗野、粗俗的行为

这个很好理解，举一个例子：孩子想玩一个小朋友手里的小汽车，在要求没有得到满足的情况下，就动手从这个小朋友手里抢过小汽车。这种行为就属于粗野的行为。显然这样的行为是不对的，要予以制止。大人要明确告诉孩子这样的行为是不对的，是不合规矩的，是要挨批评的。然后引导孩子采取正确的方法，如可以继续跟小朋友商量，让小朋友同意把小汽车借给他玩。

这样的教育能够让孩子学会如何对待自己想要的东西，如何处理焦躁情绪，在这个过程中，孩子会不断地调整对事物的看法和自己的心态。以后，他也会用这套模式去对待周围的人，变得更加理性，变得知道为他人着想。

不要随便拿别人的东西

要帮助孩子建立自我意识，建立与他人界限的意识，在此基础上，教育孩子别人的东西是别人的，不可以随便拿，而自己的东西是自己的，要归自己支配。这样的规矩教育是最基本的道德和心态教育，这样孩子长大后才会更懂得尊重人。

从哪里拿来的东西要放回哪里

孩子都喜欢乱扔东西，缺乏自理能力，大人要给孩子立规矩：每次玩完玩具都要自己收拾好；写完作业要把作业本和书放回书包，并收拾好书桌；脱下来的衣服要叠好、放好；东西从哪里拿来的，用完要放回哪里。

这样的教育能让孩子学会尊重环境和他人，促进责任心的形成，同时，提高了孩子的生活自理能力，对创造力也有所帮助。

先得到先使用，后来要等待

教孩子树立"先来先得，后来要等待"的规矩，一方面有助于帮助孩子跳出以自我为中心的藩篱，避免养成自私的毛病，另一方面可以有助于孩子强化珍惜时间的观念，这对孩子以后建立一个平等的交往模式打下良好基础。

打扰别人不礼貌，不可以打扰别人

孩子通常都有打扰别人的坏习惯，大人要有意识地告诉孩子："打扰别人是不礼貌的表现，不可以打扰别人。"可以先采用换位思考的方式让孩子知道打扰别人会给别人带来烦恼和不便，然后再给他立规矩。

这样可以让孩子学会尊重他人，让他懂得别人在忙的时候不应该去打扰，而且在这个过程中，还学会了换位思维，从而会更加善解人意，体谅他人。

做错事要承认并道歉

要让孩子知道做错事是不可避免的，但做错事之后要勇于承认，并真诚道歉。如果做错事不知道悔改，会让孩子认为犯错误也没什么大不了的，难免会为所欲为，犯下更多、更大的错误。

这样的教育能够树立和加强孩子的责任心和勇于担当的精神，长大以后，会成为一个做事有责任心和勇于担当的人。

大人要以身作则，带头遵守规矩和礼仪，给孩子树立一个好榜样。通常情况下，有了妈妈爸爸的陪伴，有了效仿的榜样，孩子也会较为容易地接受这方面的教育，努力做一个遵守规矩讲礼仪的好孩子。

平时，要多提醒孩子注意自己的言行，如果孩子出现了违反规矩和礼仪的行为，大人一定要及时予以纠正。通常，越是早帮助孩子建立好的习惯，越容易让习惯稳固，因此，要尽早帮助孩子了解规矩和礼仪的知识，建立必要的规矩和礼仪习惯。

培养生活好习惯，身体健康是本钱

▶▶ 有讲卫生的父母才有讲卫生的孩子

让孩子讲卫生，确实是一件很困难的事情。几乎所有的孩子只要一玩起来就会把自己弄得脏兮兮的：伸出乌黑的小手拿过一块饼干就啃了起来；穿着刚蹭上泥的脏裤子就一屁股坐在了床上；袖口就是他永远的鼻涕纸……

那么，如何教会孩子讲卫生呢？怎么样让孩子明白讲卫生的重要性呢？

首先，一定要先创造一个卫生的家庭环境。有的孩子不讲卫生，其根源就是来自于父母的不良习惯，父母不讲卫生，家里常常是一片狼藉。因此，为了孩子的健康成长，父母有必要改掉自己不讲卫生的习惯，积极创造出一个卫生的家庭环境。长期生活在一个干净整洁的环境，孩子就能明白讲卫生的重要性，并养成自觉爱护卫生环境的良好习惯。

其次，让孩子自己重视起卫生来。许多父母通过"逼"或"催"的方式来让孩子讲卫生，最终孩子却并没有真正地理解讲卫生的重要性，就难以培养出讲卫生的好习惯。父母可以告诉孩子不讲卫生的害处，或者让孩子自己回想不讲卫生引发的不良后果。比如，父母可以带着孩子观察显微镜下的细菌，给孩子留下深刻的印象，许多食物里藏了那么多的细菌，万一吃进了肚子，细菌会给身体带来许多疾病。父母要让孩子明白，养成讲卫生的习惯，不仅是为了自己，也是为了家人，更是为了身边的每一个人，让孩子意识到讲卫生的重要性。

再次，利用孩子的好胜心，使用激将法促使孩子养成卫生习惯。你可以在他的身边树立一个讲卫生，爱清洁的孩子做榜样，俗话说："榜样的力量是无穷的。"天长日久，坏习惯在不知不觉中就改正。例如，有一个曾经对女儿的邋遢束手无策的妈妈，一次暑假，把女儿的小表姐接过来玩。小表姐是一个爱整洁的小姑娘，自从她住进来之后总是把她们住的小房间收拾得整整齐齐。暑假过去了，妈妈惊奇地发现，原来那个邋遢的女儿不见了，她变得和小表姐一样爱整洁了。这个小姑娘之所以改掉了邋遢的坏习惯，并不是因为父母的说教，而是靠同伴的影响。当孩子发现自己身边的小伙伴是爱干净、爱整洁的人的时候，他会在比较中感受到自己的不足，自觉地改正自己的毛病。值得注意的是：这种比较应该是潜移默化的，父母最好不要直接拿他与同龄的孩子相比。因为这实际上是孩子自己给自己的一种心理压力，如果你跟他说，你就比不上隔壁的谁谁谁，本来想激发他，却反而可能打击了他。

在这个过程中，父母还应该做好打持久战的准备。任何习惯的纠正与养成，必然会有反反复复的情况，但是只要孩子现在的行动比过去的表现要好就是进步。用鼓励代替指责，孩子才会越来越好。

另外，父母还应该提醒孩子注意细节的卫生。许多孩子身上是干干净净的，可是，脱了鞋子，那臭袜子的气味让身边的人都不敢接近他，这样的场景是多么尴尬。父母要想孩子能真真正正地讲卫生，许多细节就不要忽视，比如修剪指甲、身边常备纸巾、耳根也要注意清洁等。父母要让孩子明白，一个真正讲卫生的人，会注重许多细节的，逐渐让孩子注意自己身上细节的卫生。

▶▶ 解决孩子吃饭问题需从心理入手

根据美国教育心理学家汤玛斯的研究，孩子学习的八大要素中就有"改善饮食习惯"这一项。现实生活中，孩子吃饭问题，也确实是困扰很多家长的大问题。到处追跑着喂饭的、一边玩玩具一边吃饭的、一边看电视一边吃饭的、一边吃一边跳舞的、挑食的、吐着玩的、含着饭在嘴里不爱嚼不爱咽的……孩子进餐过程中的这种种顽皮行为，时时挑战着父母的耐心极限。父母要么妥协迁就——让孩子看电视、玩玩具、哄骗、追着喂等；要么威胁强迫——催促、责备、威胁、打骂等。

不过，这两种解决矛盾冲突的方式，都会给孩子的心理带来极大的负面影响：妥协迁就的方式比较容易让孩子在进餐时保持愉快的情绪，但却会使他逐渐变得以自我为中心、进餐自理的能力降低、不懂得配合进餐的秩序和规则等；威胁强迫的方式则往往会让孩子在进餐过程中有情绪压抑和焦虑心理，使他逐渐产生胆小、怯懦的退缩心理或大哭大闹等对抗心理。

实际上，孩子吃饭习惯不好，很大程度上是心理问题造成的。研究表明，因心理卫生问题导致进食问题发生率高达79%，其原因主要是成人喂养方法不当、过分溺爱、依赖过度、孩子执拗任性、凭兴趣进食、缺乏温暖等。

因此，要想从根本上解决孩子吃饭问题，就需要从孩子的心理入手，掌握一定的技巧：

投其所好

孩子都喜欢美味、漂亮的饭菜，如果给孩子的菜切小块，煮烂，经常变换花样，变换造型，往往会吸引他的注意。

另外，孩子 2 岁以后，可以换成有格子的餐盘吃饭，利用孩子喜欢色彩的心理及彩色的视觉发展，让每一餐都有 6 种以上的颜色分布。心理学研究发现，红色跟黄色的搭配，会有助于食欲的产生，让孩子觉得变好吃，所以别急着只喂进红萝卜的红色，需要搭配一些黄色（如玉子烧、地瓜松饼、南瓜、菠萝）食材，透过心理学作用，可以减少偏食，增加营养素的吸收利用。

如果是带孩子到外面吃饭，你会发现餐桌上瓶瓶罐罐的配料就是他的最爱，而且他也更喜欢自己加料的食物。其实我们在家里吃饭时也可以善用这一点特性，让孩子自己动手加天然的配料，好玩又好吃。例如在餐桌上准备一些白芝麻、黑芝麻、海苔丝、小鱼干、鱼松及肉松等，将办家家酒的游戏，导入正餐饮食中，这一定比开着电视喂他吃饭来得好很多。

或者干脆带着孩子上市场买菜，带着他一起包水饺、一起洗菜及煮米，这些有他参与的制作过程，就可以使他产生饥饿感，进一步会刺激他想要吃的欲望。

降低压力

必须明确，我们的目的不是强迫孩子去吃饭，而是调动他的胃口，让他想吃东西。不要因为他吃得特别多而称赞他，也不要因为他吃得少而显得失望。等你能做到不去想孩子吃饭的问题了，这就是真正的进步。当孩子感到没有压力的时候，他就会注意到自己的食欲了。

对于偏食的孩子，也不要强迫他"尝一口"他不爱吃的食物，因为假如他被迫吃了令他厌恶的食物，哪怕只是一点点，就会使他更坚定不吃这种东西的决心，从而减少他今后喜欢这种食物的可能性。与此同时，你这么做还会破坏他吃饭时的心情，打消他对其他食物的食欲。通常可以让孩子先吃一些他偏好的食物（例如很多孩子都喜欢玉米、马铃薯泥、干酪的味道），让这类他喜爱的食物味道存于口中，再吃一些不喜欢的菜（如花椰菜、红萝卜、西红柿等），降低后者食物对孩子的直接冲击，引导他慢慢接受。

同时，多鼓励、多变化、多陪着吃（全家人一起饮食），也是让孩子不挑食很重要的关键。根据研究，第一次尝试就会挑食的食物，不见得多试几次不会成功；研究者更具体指出，多半会在9次之内会成功，所以过一阵子再试试，别餐餐弄坏孩子用餐的情绪，这样孩子跟父母都会很开心。

另外，许多父母是一旦孩子出现了不好好吃饭的问题就十分着急。但很多时候，恰恰是你的担心和催促才是孩子食欲下降的主要原因。你要知道，消除孩子的饮食障碍是需要时间和耐心的。即使我们尽了最大的努力来改变自己的做法，孩子也要花上好几个星期的时间才能逐渐恢复自己的胃口，他需要机会来慢慢地忘记一切跟吃饭有关的不愉快的记忆。

狠心坚持

正所谓"没有规矩不成方圆"，给孩子订立吃饭规矩并狠心坚持下去，孩子慢慢就会养成良好的进食习惯了。

在此期间，父母要注意，孩子吃饭的规矩不必订的太复杂。你只需把玩具及影响孩子吃饭的东西一概收起来，并告诉他好好的吃过饭再玩即可。一旦孩子不守规矩，说三次不听，就请他下桌去，而且告诉他"下一餐之前不给零食、点心"，不求他、不威胁他。

如果下一餐之前他哭闹要吃东西，你可以表示同情，但态度坚定地告诉他"刚刚吃饭时不吃饭，现在没有东西吃啦！"只要再三重复即可，要舍得饿他几次。如果实在舍不得，你也可以把他没吃完的饭菜保鲜放在冰箱，他闹着要吃时微波加热。不要一哭闹就软化给零食，下次你的方法就失效了。

▶▶ 正面刺激才能帮助孩子纠正坐姿

孩子，尤其是学龄孩子的一天中，会有相当大一部分时间坐着，他要坐着听课，坐着写作业，坐着吃饭，甚至上学路上也是坐着……

而我们都知道，孩子骨骼正处于发育阶段，有很大的柔韧性，但同时也非常容易定型。如果坐姿不好，例如，写作业时"贴"在书桌上；听课时侧着身子，用一只手撑住脑袋；吃饭时弯腰驼背等，久而久之，很有可能造成骨骼变形，出现驼背或肌肉疲劳等症状，而且还会影响他们的体型美。事实上，这也是导致孩子戴上眼镜的"罪魁祸首"。

当孩子坐姿不正确时，大多数父母往往都是一味地指责孩子："坐好了，不要坐没坐相，站没站相，说你多少遍了，怎么就是改不了？"但结果呢？这种"说教批评式"的方法却很少会起效果。这是因为：首先，大人对孩子说教的次数多了，孩子不但会习以为常，忽视大人所说的内容，还会对此产生厌烦情绪，在这种状态下，孩子仍然会我行我素。其次，总是批评孩子"坐歪了""坐没坐相，站没站相"，这实际上就是给他了一种负面的刺激，即使孩子当时纠正了坐姿，但时间久了，在那些负面刺激的影响下，他又会不由自主地恢复之前错误的坐姿了。

从这种意义上来说，要想纠正孩子错误的坐姿，父母必须摒弃负面刺激，多给予孩子正面刺激：不说他"坐歪了"，而是提醒他"坐正坐直"。就其具体方法而言，这里也有一个小技巧。

下面这位家长的做法就十分奏效："在孩子的书桌前，我挂上了一个牌子，上面写着'请坐正坐直'几个大字。看到孩子坐姿不正确时，就会走到他身边，拍拍他的后背，然后指指牌子，在得到这样的暗示后，他就会坐直了。就这样，拍一拍让孩子坐直，拍一拍让孩子坐直……大概半个月之后，孩子就能主动坐正坐直了。"

孩子心理学研究表明，只有同时受到动觉和视觉刺激，某种行为才会转化为孩子的习惯性行为。上述这位家长的做法实际上就是从动觉和视觉两方面给予孩子刺激——"拍后背"是动觉刺激，"指牌子"是视觉刺激——提醒的次数多了，孩子很容易就会接受坐正坐直的"指示"，从而使坐正坐直这一行为转化为习惯性的行为。

当一个孩子可以保持良好的坐姿，那么不但会让自己的身体发育更加良好，而且还会凸显出稳重端庄、自然大方的美感。作为父母，我们有义务帮助孩子做最好的自己。

| 第八章 |

开明的家——早一点让孩子了解世界的本来面目

　　早一点让孩子了解世界的本来面目，而不是向孩子描绘一个理想的社会，虽然可能会有一些负能量，但那就是现实的一部分，真正的人生是无法回避的。与其让孩子将来感到惊慌，不如现在提醒给孩子，这对孩子将来适应社会、适应环境及与人打交道方面，都有好处。正如著名亲子关系心理专家胡慎之所说："不一味地跟孩子说美好的事物，因为社会很多元。实际上我们以前做过一个调查，大多数的家长都觉得有必要告诉孩子们一些现实情况，这也是给他们将来面对挫折之前打了预防针。"

不要为孩子做他自己能做的任何事

　　培养孩子独立自主的能力是生存的需要。动物要学会自己觅食才能在地球上生存下去，孩子要经历自己独自处事才能长大成人。

　　我们常说"孩子是母亲身上掉下的一块肉"，因此，大多数父母都把孩子看作是自己的一部分，总是尽其所能地从各方面满足孩子的需求，代替孩子完成一些理应由他们自己完成的事。让孩子失去了宝贵的锻炼机会，又如何培养出孩子的自立能力呢？

　　鲁迅先生曾说："孩子是即我非我的人。因为即我，所以更应该尽教育的义务，交给他们自立的能力；因为非我，所以也应同时解放，全部为他们自己所有，成一个独立的人。"

　　培养孩子独立性的最基本的也是最重要的方法就是：该放手的时候一定要放手，不要为孩子做他自己能做的任何事。

▶▶ 孩子有能力当好自己的"小管家"

　　孩子很小的时候，确实需要大人的照顾，但是这样的照顾应该仅限于一些基本的生活需要，比如吃饭、玩耍、休息、睡觉等，随着逐渐长大，孩子的自我意识越来越强烈，这时，大人就要有意识地减少这样的帮忙照顾。不妨只做参与者，看着孩子自己安排，如果他的安排比较合适，那就顺从他的意愿，然后逐渐将我们的手放开，让他占据他自己生活的主动权，当好自己生活的"管家"。

举例来说，对零花钱的利用安排上，如果孩子有一定的安排处理能力，而且有自己的花钱计划，那么大人就没有必要非要告诉孩子每一角钱该怎样花，由他去安排处理好了。

再比如对人际交往的处理上，如果孩子有一定的辨别和选择能力，大人就没有必要替孩子选定朋友。该交什么样的朋友，该交哪个朋友，由孩子自己选择好了，毕竟需要怎样的朋友取决于他自己的需要，而不是我们的需要。大人要给予孩子充分的信任，允许他们按照自己的意愿去安排。

还比如在时间的安排上，如果孩子有了一定的时间观念，就可以适当放宽对他的限定，比如什么时间写作业，什么时间睡觉都可以让他自己决定，尤其是节假日，我们甚至可以让孩子来安排全家人的活动时间。

当然，大人的放手也应该是有限度的，孩子毕竟还小，难免对一些问题考虑不周全，所以大人放手让孩子当自己"管家"绝不是意味着完全撒手不管。大人要规定一些基本的原则，比如在使用零钱方面，需要遵循不铺张浪费、不乱花钱的原则；在交友方面，要选择那些有良好道德修养的人做朋友，远离那些品质败坏的人；在时间的安排上，在遵守大家作息习惯的基础上，可以合理安排自己的作息时间，但也要注意保证自己的必要休息时间。

如果事关重大，或者孩子还比较小，其安排处理能力还不足以让人放心，大人一定要稍多用心，多问问情况，比如孩子有一笔相对较多的零花钱，孩子准备怎么用、怎么安排，需要大致了解一下，以免造成大的过失。

如果对于孩子的安排感到不合适，可以建议或者发表一下自己的意见，但是，一定要注意不要干涉过多，不要直接否定，更不要强迫孩子接受大人的建议，那样的话，就谈不上培养孩子的独立性了。

总之，大人要懂得在合适的时候放手，更要相信他们有能力当好自己的"管家"。

▶▶ 孩子具备独立解决问题的能力

很多家长之所以会代替孩子解决一些问题，是因为他们认为孩子还小，不具备独立解决问题的能力。其实不然，研究和调查表明，孩子是否能独立解决问题，不取决于孩子的智商，更多地取决于孩子的经历。鼓励和支持孩子大胆尝试，即使是幼儿，也会用一些策略和办法来解决问题。相反，如果孩子的锻炼机会一旦被剥夺，孩子独立解决问题的能力自然就会降低、退化，遇到问题就会束手无策。

因此，正确的做法应该是大人要适时放手，并努力创造让孩子动手解决问题的机会，鼓励和支持孩子大胆尝试，必要时给予理论引导和具体指导。

其实，孩子本身都是喜欢思考的，孩子强烈的好奇心决定了他们会有那么多好像总也问不完的"问题"。作为父母，我们的责任就是让孩子从"思考"跨越到"尝试"。这是从"想"到"做"的飞跃，十分重要，每一个从"问题"到"尝试"的过程，都是一个他们坚定自我信心和提高问题解决能力的"胜利战果"，就是在这一"思考"深化的过程中，孩子的独立能力被逐渐培养起来。

另外，孩子能独立解决问题的表现之一就是可以独立做选择，我们可以从简单的选择开始，教会孩子解决问题的方法和对事情做出决定。这个办法简单而有效，而且施行起来十分简便，比如可以问孩子："今天去公园，你是穿那件蓝色的短袖，还是穿那件黄色的防晒衣？你自己做决定。""咱们出去活动活动，你说是去打羽毛球，还是去跑步，决定权在你，你来做决定。"有些时候，在大人给出的两个选择中，孩子可能哪一个都不选，这种情况下，通常可以这样告诉孩子："现在只有这两个选择，所以你只能在这两个中选出一个。"如果孩子能够提出更有参考意义的选择，也无妨选择孩子提出来的选项。

同时，你要记住，父母永远都是孩子的榜样，所以为了让孩子成为有独立解决问题能力的人，父母首先就要是个能够独立解决问题的人，给孩子做解决问题的榜样。

日常生活里，父母要有意识在孩子面前讨论问题，推理、权衡不同解决问题的办法，然后做出决断。有一个比较通行的方法可以借鉴，就是不定期召开由全体成员参加的家庭会议。家庭会议的主要内容是讨论和解决家庭和家庭成员遇到的问题。在会议中，让孩子目睹家长解决问题的态度和技巧，从而进行学习和效仿。

在这个过程中，我们要谨记的是，一定不要因为问题而争吵，以及表现出瞻前顾后、优柔寡断、思虑重重的样子，那样很难让孩子养成做事果敢的性格，更不利于孩子独立解决问题的培养。

总之，只有放手，才能让孩子学会独立应对各种麻烦和困难，早日创造自己的辉煌。代替孩子做事永远比不上鼓励、支持孩子自己做事。

让孩子加入家庭事务的决策团队中

说到让孩子参与家庭事务的决策，许多父母不认同，他们觉得孩子还那么小，还不懂事，怎么能让他们参与进来呢？

其实，孩子再小也是家庭成员之一，所以家庭的事也是他的事，他们也有权参与家庭的决策。而且，有调查显示，能经常参与家庭决策的孩子性格开朗，关心别人，有较强的集体感和责任心，而且遇事喜欢动脑筋，有较强的自信心；而那些从不参与家庭决策的孩子，常常以自我为中心考虑问题，集体意识淡薄，遇事习惯于依赖，等待。

因此，我们有必要也应该让孩子加入家庭事务的决策团队中来。

≫ 凡事都应该和孩子商量着来

"商量"这个词，在亲子之间的使用率一般应是不高的，即使是在一些比较开明的家庭里，孩子的意见也只是听听而已，根本不受大人重视。但这却从侧面反映出，父母根本没有把孩子看作是与家庭其他成员一样平等的人。

事实上，只要是家庭的成员，都有权参与家庭事件的讨论与决定。而孩子，也是家庭的重要一员，许多事情，就应该和孩子商量着办。商量，不是简单的迁就，而是父母与孩子对话、沟通、相互了解，形成双方可接受的意见或办法；商量，不是父母发号施令，而是真正地把孩子当作一个人，更当作一个孩子来对待。时常被家长请去商量某件事情的孩子，到了他要做一项决定的时候，也会主动地去跟父母商量，而不是一意孤行。

这一点，很多西方国家就做得很好，比如：一位在瑞典工作了3年的中国人对此有着很深的体会。他的瑞典房东达卡先生就是一个很懂得教育孩子的人。当他初次步入这个家庭的时候，达卡先生9岁的小儿子就热情地向他打招呼："中国叔叔，你好，我是克里。"他很奇怪，问克里："你怎么知道我是中国人？"克里皮地一笑："我不仅知道你是中国人，还知道你和猴大仙是好朋友！"原来，当他打电话给达卡先生，想要租住房子的时候，达卡先生专门召开了一个家庭会议，征求全家人的意见。克里听说是个中国人，便说："他知道猴大仙吗？如果他不知道就不要租给他了！"（克里这段时间被英语版的《西游记》吸引住了，孙悟空在这部英语版的片子中被翻译成了猴大仙）达卡先生马上打电话跟他求证。这让他莫名其妙，他夸张地回答："我不仅认识猴大仙，我们还是朋友呢！"这样达卡先生一家才同意把房子租给了他。

不要觉得孩子小就将他排除在外，即使是一只小鸭子，它也有叫的权利。生活中纯粹的大人之间的事你可以暂时不让孩子知道，可是还有很多事是完全应该让孩子也参与讨论的，比如，好不容易有个假期了，商量着去哪儿玩好；比如家里经济紧张了，需要商量如何节约开支；比如要添置一样家具，需要商量买什么式样和价位的；比如想在家里搞个小聚会，商量怎么办才有创意……这些事情完全可以让孩子也参与讨论，让他也贡献一份"才智"。

哪怕他说不出有价值的建议，这种讨论本身，对家庭、对孩子来说，都是有意义的。因为当父母征求孩子意见的时候，孩子也会就父母所提的问题进行思考、分析、比对，然后做出自己的决策，这正是对孩子决策能力的一种锻炼。

▶▶ 不会做家务的孩子不会成大业

尽管现代社会我们越来越依靠智力而不是体力，但脑力永远不会完全替代肢体劳动，劳动仍是立足社会的基础。如果孩子从小缺少劳动这一课，将来就很难成长为一个有自我服务能力、有为他人服务思想的社会人。而对孩子来说，劳动意识和能力的培养是从干家务开始的。

事实上，哈佛大学曾经做过一项调查研究也印证了这一观点：爱干家务的孩子和不爱干家务的孩子，成年之后的就业率为15：1，犯罪率是1：10。爱干家务的孩子，离婚率低，心理疾病患病率也低。

因此，望子成龙的父母就应该为孩子从小创造一种环境和条件，对孩子进行早期劳动训练，让孩子生成一双勤劳手，使其终生受益。

为了更好地帮助孩子，父母还应该注意以下几点：

第一，给孩子安排的家务劳动要符合孩子的年龄特点

不同年龄的孩子可以做哪些家务劳动？一份网上流传的"美国孩子的家务清单"或许我们可以借鉴一下：

9~24个月：可以给孩子一些简单易行的指示，比如让宝宝自己把脏的尿布扔到垃圾箱里。

2~3岁：可以在家长的指示下把垃圾扔进垃圾箱，或当家长请求帮助时帮忙拿取东西；帮妈妈把衣服挂上衣架；使用马桶；刷牙；浇花（父母给孩子适量的水）；晚上睡前整理自己的玩具。

3~4岁：更好地使用马桶；洗手；更仔细地刷牙；认真地浇花；

收拾自己的玩具；喂宠物；到大门口取回地上的报纸；睡前帮妈妈
铺床，如拿枕头、被子等；饭后自己把盘碗放到厨房水池里；帮助
妈妈把叠好的干净衣服放回衣柜；把自己的脏衣服放到装脏衣服的
篮子里。

4–5岁：不仅要熟练掌握前几个阶段要求的家务，并能独立到
信箱里取回信件；自己铺床；准备餐桌（从帮家长拿刀叉开始，慢
慢让孩子帮忙摆盘子）；饭后把脏的餐具放回厨房；把洗好烘干的
衣服叠好放回衣柜（教给孩子如何正确叠不同的衣服）；自己准备
第二天要穿的衣服。

5–6岁：不仅要熟练掌握前几个阶段要求的家务，并能帮忙擦
桌子；铺床／换床单（从帮妈妈把脏床单拿走，并拿来干净的床单
开始）；自己准备第二天去幼儿园要用的书包和要穿的鞋（以及各
种第二天上学用的东西）；收拾房间（会把乱放的东西捡起来并放
回原处）。

6–7岁：不仅要熟练掌握前几个阶段要求的家务，并能在父母
的帮助下洗碗盘，能独立打扫自己的房间。

7–12岁：不仅要熟练掌握前几个阶段要求的家务，并能做简单
的饭；帮忙洗车；吸地擦地；清理洗手间、厕所；扫树叶，扫雪；
会用洗衣机和烘干机；把垃圾箱搬到门口街上（有垃圾车来收）。

13岁以上：不仅要熟练掌握前几个阶段要求的家务，并能换灯
泡；换吸尘器里的垃圾袋；擦玻璃（里外两面）；清理冰箱；清理
炉台和烤箱；做饭；列出要买的东西的清单；洗衣服（全过程，包
括洗衣、烘干衣物、叠衣以及放回衣柜）；修理草坪。

可以借鉴，绝不能照搬，你可以根据自己的家庭情况和孩子本
身的特点来合理安排。

第二，放弃完美主义，不要用成年人的标准来要求孩子

对父母来说，刚开始时与其说是让孩子帮忙做家务，还不如说是给自己增加负担。他们不仅会做得慢，而且时常做得不尽如人意，常常需要我们花费大量时间为孩子"善后"，所以，很多父母干脆不让孩子参与劳动。

这种观念是非常错误的。其实父母应该换位思考一下，孩子的年纪太小，力量弱、生活经验也少，在做家务劳动的过程中，出现一些疏漏是在所难免的。若是用成年人的标准去要求孩子，显然是不合理的。

实际上，对于孩子来说，积极地参与比起结果来说更为重要。不要嫌弃孩子洗的袜子不够干净，擦的桌子不够亮，光是孩子的这种勇于参与的精神，父母就应该给予他们充分的肯定。批评会挫败孩子的自尊，更会降低他与人合作的意愿。如果某项工作要求每次都必须完成得尽善尽美，那这绝对不是一项适合孩子去做的工作。

第三，让孩子养成做家务的习惯，还需要一些手段

尽管一开始孩子们会觉得做一些家务劳动是件有趣的事情，但想让孩子养成良好的习惯却非易事。你还需要"耍一些手段"，比如：

表扬和奖励会对孩子养成良好的习惯带来极大帮助。你可以给孩子制定一个合理的计划：把他所要完成的任务的每一步骤绘制一张图表，每当他顺利完成其中的一个步骤，就奖励他一颗小红星。当他顺利地完成整件任务，奖励他一件他所希望得到的合理的奖励。注意，不要用金钱和物质奖励。

再比如，不断地变换任务内容。对孩子来说，重复做某件事就会让他感到乏味。所以应该不断地给孩子变换任务内容。尤其是给孩子分派一些他不喜欢做的家务（如收拾房间、拖地等）之后，也

需要让孩子有机会做些他感兴趣的事，像做上一顿饭，计划一次家庭野餐，到超级市场买些东西，等等。一位美国的母亲说："孩子满五周岁时，我们就开始按上面说的办，你实在想象不到五岁的孩子居然能做出那么精美的饭菜来。"

总之，父母应该以鼓励为主，并且教孩子如何进行家务劳动，这对于培养孩子的劳动习惯和劳动能力十分重要。

带孩子去见识家庭以外的真实世界

中国有句古话："庭院里驯不出千里马。"为了孩子成千里马，父母们千万别把"小马驹""圈"在"庭院"保守地"饲养"，而要让他们冲出"庭院"，到真实的世界中去见识、去成长。

▶▶ 让孩子走出"温室"接受成长洗礼

"温室育儿"其实是一个老生常谈的问题了。但仍有很多父母喜欢嘲笑别人的孩子是温室里的花朵，却又"努力"把自己的孩子培养成了温室里的花朵。我们会经常用"你还小，这个不可以做；那个不可以吃；那里不可以去……"人为地把孩子和自然环境、社会环境隔离开来。

其实，父母的爱子之心可以理解，但是你要知道，孩子的成长更需要自然中的阳光雨露。只有让孩子打开眼界，经历必要的风雨洗礼，在风雨中磨砺好他们的"翅膀"，他们才有可能、有能力在高空中迎风起舞，展翅飞翔。

常带孩子进行一些户外活动

亲爱自然，是孩子们最向往和渴望的事情。大自然总有一种神奇的力量，让人不自觉地放松、愉悦。在课堂待了一天的孩子，回到家，或者是在休息日由父母带着做一些户外活动，这对孩子的身心发育无疑是非常有益的。

经常带孩子在户外活动可以让孩子亲近自然户外活动是以阳光
和新鲜空气自然景物为伴，有益于陶冶性情，增进健康。经常带孩
子在户外活动，让孩子在阳光中沐浴，在蓝天下奔跑，和孩子一起
观看自然风光，一起欣赏花儿绽放，看青山绿树，听鸟叫虫鸣。让
孩子更亲近自然，感受大自然的勃勃生机，让孩子忘记烦恼，快乐
成长。

经常带孩子在户外活动可以提高孩子的免疫力。经常进行户外
活动，让孩子享受"空气大餐"，不但可以促进新陈代谢，还能增
强呼吸系统抗病的能力。户外阳光充足，经常让孩子享受"日光浴"
也有颇多益处——阳光中的红外线可以让人感到温暖，促进血液循
环，促进新陈代谢，紫外线还有杀菌消毒的作用，还有利于人体对
钙的吸收。经常参加户外动能加速血液循环，促进新陈代谢，为大
脑提供高质量的营养，使头脑更灵活，从而更加促进智力的发展。
经常在室外活动，有利于孩子的骨骼发展。经常参加户外活动的孩
子，往往身体结实，抵抗力强，不容易感冒，也很少患其他疾病。

户外活动能满足孩子好动与探索的本性好玩好动是大多数孩子
的天性，在户外活动中，孩子所受到的制约大大减少，会更加放得开。
在这样的情况下，孩子很容易成为活动的主导者，会激发孩子的想
象力、动手能力和创造力。强烈的好奇心驱动着孩子不断地探索和
思考，他们的小脑袋里装了很多稀奇古怪的想法。多带孩子进行户
外活动，能满足孩子的探索本性，给他们认真细致观察的环境和条
件，让他们积极主动地去发现自己想要的答案。

经常带孩子参加户外活动有助于提高孩子的交往能力户外活
动往往是需要与其他孩子一起开展的，即使是简单的游戏活动，
也有不少规则。如：几个小朋友在一起滑滑梯，就有一个先后次

序问题；一起搭积木、**踢球**就有合作问题。

可以说，户外活动为孩子解决日常生活问题、积累为人处世规范提供了广阔的空间。孩子们往往会从游戏中积累经验并迁移到将来的日常生活中去。经常带孩子在户外活动有利于孩子的身心健康发展。

给孩子搭建集体活动的平台

现代社会，单靠个人的单打独斗已经是不可能了，只有人与人之间合作，才能良好的将事业发展起来。而开展形式多样的集体活动正是培养孩子集体荣誉感和合作意识的有效途径。

夏令营就是一个不错的选择。例如，在美国，夏令营活动就是很多孩子的最爱，他们每年都在期盼着自己喜欢的夏令营活动。参加夏令营的孩子基本来自全国甚至世界各地，在参加活动的这段时间，他们要在一起学习，一起游玩，晚上还要集体睡眠。对于这些原本彼此不太熟悉的孩子们，要让他们在短短的时间里愉快相处并密切合作，这对提高他们的人际交往能力有很大的好处。孩子们会在这段时间内培养出深厚的友谊，即使是在夏令营结束后他们还会彼此联系，成为很好的朋友，这对孩子的一生都有很大的帮助。事实上，孩子利用假期的机会走出家门、参加夏令营，从活动本身而言就是对孩子知识面的一种拓展。孩子可以去不同的国家和地区，接触来自各个地方的同龄人，了解具有地方特色的独特风情，真正领略书本上没有的知识。现在，夏令营活动在很多国家都很普遍，家长不妨给忙碌了一整年的孩子们放放假，放手让他们去参加，从而使夏令营活动也成为他们成长之中最难忘的回忆。

另外，冬令营也越来越受到家长们的欢迎，越来越多的家长选择在寒假把孩子送往营地，以磨炼孩子的意志，锻炼和提高孩子的人际交往能力。冬令营有英语冬令营、军事冬令营、减肥营、体育拓展营、综合素质营等之分，可根据不同情形选择参加。

实际上，让孩子走出"温室"接受成长洗礼的方式多种多样，应视情况不同采取不同的方式，而不是拘泥于某一种规定形式。

▶▶ 网络时代，不妨对孩子"网开一面"

相比现实世界，网络营造出的虚拟世界更加丰富多彩，也更加让父母们忧心忡忡：不让孩子上网吧，怕孩子将来落后于时代；让孩子上网吧，又担心自己的孩子在网络上接收到很多不良的东西，影响到孩子的身心健康。

难道这个矛盾真的不可调和吗？

其实不然，只要我们掌握了"谨慎放手、看住钱袋、挡住'黄虫'、保住眼睛"这16字方针，就可以给孩子"网开一面"了。

谨慎放手

谨慎放手，说的就是一个"度"的问题，既不可放任自流，又不可管得太严。在孩子有了一定的识别能力后，和孩子共同制订上网条约，你可以适当放手。例如：只能进指定的几个网站，不允许私自上别的网站；别人推荐的网站必须经家长批准才能进入；不可暴露自己的真实身份，要学会保护自己；文明发言，不得损害公共利益；未经家长同意，不要跟陌生人网友见面；不要将你的地址、电话或学校名称告诉陌生人，等等。而且，还要将不能上其他网站的原因解释给孩子听，这样孩子"知其所以然"了，执行起规则就更明确一些。

看住钱袋

看住钱袋，其实说的就是孩子去网吧上网的问题。因为孩子一旦进了网吧，情况就复杂了，他干什么你一点不知道，会跟什么人交朋友，染上什么恶习，你更不清楚。看住钱袋，也就杜绝了这些问题。

当然，这其中还包括一个计费游戏的问题。你可以推荐孩子玩一些免费的益智小游戏，这样，既满足了孩子爱玩的天性，又不容易沉迷，有些甚至可以让孩子从中学习如何解决问题。比如很多孩子缺乏必要的挫折教育，受不得委屈，给他多玩些闯关、竞赛类的小游戏，让他们学着接受挫折，变得坚强，进而知道通过自己努力，完全可以克服困难，找到解决问题的办法的道理，再比如一些孩子缺乏耐心，那家长可以给他选择一些类似迷宫和拼图类的游戏，学过下棋的小朋友还可以选择围棋、象棋之类的小游戏。

挡住"黄虫"

网络内容良莠不齐，一些暴力、色情、反动的信息也混杂其间，凭借孩子自己的是非判断力、自我控制力和选择能力，往往不足以抵御这些信息的不良影响，孩子的身心健康难免受到危害。

你可以尝试用下面3种方式从技术上来保护孩子，虽然不能百分之百完全杜绝"黄网"，但在一定程度上却是可行的：

一是最常见的下载保护软件，可以自动屏蔽该软件过滤名单中的网址；二是可安装相关软件，指定可以登陆的网址。这样，上网者除了这几个网址，其他的网页均不能打开；三是给自己的电脑加把"时间锁"。即你可设定电脑可使用的时间，也可设定电脑可供上网的时间。这样，你不在家时，孩子就无法打开电脑，或是无法上网。此举可尽可能地让孩子上网时，在大人的监控范围之内。

保住眼睛

这一点说的就是要注意劳逸结合。针对这一问题，给家长们的建议是：电脑屏幕调至与孩子的视线平行或者稍低，椅子太大时，可以在椅背处放个靠垫，增加舒适感。再有，不要让孩子在黑暗的房间使用电脑，大概在半个小时后，要让孩子走出去，看看绿色植物，眺望一下外面，领孩子做做幅度稍微大些的伸展运动。还有，每次用完电脑后，要提醒孩子洗手、洗脸，多吃蔬菜水果补充维生素，一定记得要多喝水。如果这能让孩子养成习惯，对以后一定是很有帮助。

当然，这些都只是"技术手段"。面对网络上潜在的威胁，更重要的是帮助孩子建立起一道内心的防护墙和杀毒网，保护孩子心灵的纯净与健康。例如，父母要与孩子充分沟通，加强亲子关系，以免孩子情感空虚，选择网络作为精神寄托；不要让孩子一直处于相对封闭的家庭环境中，要鼓励孩子多参与现实活动，多与小朋友互动交流，多参与各种有益身心健康的兴趣班，这样既可满足孩子喜欢玩乐的天性，释放来自生活和学习的各种压力，又可帮助他们远离网络诱惑，减少沉迷网络的机会。同时，在上网问题上父母也要做孩子的好榜样，有些家长自己就很沉迷网络，那又怎能要求孩子不如此呢？

▶▶ 儿童性教育，永远不嫌早

传统文化下，我们是羞于谈性的，尤其是对子女。但是，网络上不断曝光的各种性侵事件提醒我们，你嫌性教育早，坏人却永远不嫌你的孩子太小！美国有一个统计数据就显示：四分之一的女孩和六分之一的男孩曾遭受性侵，儿童平均遭遇性侵的年龄是 9 岁，93% 的性侵者孩子认识，47% 的性侵者是家人或熟人……危险如此之近，远超过我们的想象。除了加强父母对孩子的保护意识，我们更要教给孩子必要的性知识，让他们能够自己保护自己。

我们可以根据孩子年龄的增长，认知能力的发展，制定性教育计划，确定各阶段的教育内容和教育方法，并结合生活实际，循序渐进、科学诱导。

婴幼儿阶段（5 岁之前）——性教育主要是解决性别认同问题。

其实从孩子呱呱坠地那一刻起，性教育就已经开始了。确认婴儿的生物学性别，按性别给孩子取一个合适的姓名，按性别穿相符合的衣着和购置相应的玩具，已经是在传达性别的意识，这也是性教育的一种表现。那种从自己的好恶出发，男孩女养或女孩男育的做法是极为有害的，因为这或许正是孩子日后发生同性恋的原因之一，或许会成为孩子未来的家庭不和的诱因。

还有，从性格来说，也要让孩子自己初步进入性别角色，例如鼓励男孩子的勇敢坚强，鼓励女孩子的温柔甜美、爱清洁，等等。当然，此时还应该开始灌输基本的性卫生知识，例如大小便以前要洗手，不可把小棍等物塞入小便的孔窍中等等。

从身体构造上来说，在这一时期，父母应该很自然地让孩子认识自己的身体和性别，了解男孩子和女孩子是不一样的，教会孩子们有保护自己身体不轻易受他人侵犯的意识。不妨结合日常生活中的现象，例如在洗澡、睡前很自然地让孩子认识自己的身体，譬如什么是生殖器，这是隐私部位，是人最珍贵的地方，是谁也不许摸不许碰的，要好好保护好好爱惜，等等。

儿童阶段（5-7 岁）——性教育主要是解决性别差异问题。

这一时期的孩子，在求知欲驱使下常对男孩与女孩的差异感到迷惑不解，会向父母提出各种问题。这就要求你要提前学习，做好准备。虽然每个家庭的文化和育儿方式不同，但是，在回答孩子的性问题中，给孩子传递健康科学的性价值观是性教育的核心，只要把握这些原则，你在回答孩子的性问题时就不会出现方向性的错误。

原则一：有问必答。不可以回避和转移孩子的话题，否则会让孩子感觉到性话题的神秘性，反而激起孩子探索的欲望。

原则二：答案要符合孩子的年龄认知。你给予的答案应该简单明了，让孩子能够听得明白。是否需要继续深入地讲解，要取决于孩子是否继续发问。否则，就超越了孩子认知范围。

原则三：针对性回答。孩子问什么，你就回答什么，不要给孩子带来新的困惑。

原则四：不能过分详细地讲述性、生殖等情节。如果孩子只是问"我从哪里来"，你没有必要给孩子提供性活动的细节。否则会唤醒孩子进行更多超过年龄的性探索，不利于孩子心理发展。

原则五：态度比内容更重要。交谈时要自然轻松，你越坦然，孩子就会认为这个问题与其他问题一样，没有什么特别的，孩子就不会对这类问题特别关注了。

原则六：不可以用成人的性语言回答孩子的提问。例如用"生殖器接触"代替"性交""做爱""性生活"等成人的性语言，孩子才会明白。

原则七：尽量减少和避免与传统文化的冲突。告诉孩子，性话题是隐私的，尽量减少孩子因为性话题被他人误解和攻击。

少年阶段（7-14）——性教育主要是解决系统性教育问题。

7-14岁是孩子迅速产生性意识的一个时期，同时也是你对孩子进行较系统的性知识教育的一个黄金时期。在同青春期之前的儿童谈性时，可借助自然现象、童话、寓言故事，采用比喻的手法把性教育内容穿插其中。家长可以从植物开花结果讲起，接着联系到人的性与生殖。有这样一种说法：一位漂亮的姑娘春天把西瓜种子种到地里，之后她每天都给种子浇水、施肥，种子慢慢长出绿色的叶子。到了夏天，叶子上结出了小花，花谢了就变成了小西瓜，小西瓜越长越大就变成熟透的香甜可口的大西瓜，这个时候就可以摘下来吃了。妈妈在肚子里也种了一粒种子，在妈妈的精心哺育下，这粒种子慢慢长大，十个月后就变成了一个小人，然后妈妈就把他摘下来，于是这个世界上就出现了活蹦乱跳的宝宝。家长还可以在看《动物世界》等节目时，用动物的生殖活动进行比喻，和孩子谈蝴蝶的交配，金鱼或鸡、猫的繁殖等，以帮助孩子理解性知识，可避免直接、详细地介绍人类的性行为，避免给这个年龄的孩子带来不良影响。在性知识教育的同时，还须进行性道德教育，帮助少年控制自己萌发中的性冲动，防止性过错行为的发生。

青春期阶段（14-18）——性教育主要是解决性困惑问题。

这一阶段期性教育有着特别的意义。因为此期内多数孩子先后进入青春发育阶段，女孩子表现为月经来潮，男孩子表现为初次出现遗精。你应主动关心询问孩子的性困惑，还应当多倾向于性道德方面，要让孩子树立正确的性观念，防止性过错行为的发生。妈妈可以向女儿讲解月经的现象、卫生、护理和注意事项，教育孩子如何保护自己。父亲可以向儿子讲解遗精，正确与异性交往，性道德等问题，避免早恋。也可以买些有关青春期性知识的书籍让孩子自己阅读。要教育孩子好好学习，积极参加文体活动，努力充实自己，为以后成家立业打好基础。

其实，在性教育中，性知识方面是必知而又相对次要的。因为如果归纳在一起，孩子们最多有一个小时就可以学完、掌握了。而性观念和性道德方面的培养却是一个很漫长的过程。对于父母

来说，应该给孩子更多的应该是在日常生活中不断地对他们进行性观念的渗透，这里面要涉及伦理、道德、责任等方面。简单一点说，就是要让孩子知道哪些不能做、哪些不应该做，而又为什么不能做，通过不断地渗透增强他们的免疫力，使他们对性方面有一个正确的心态和观念，以此培植孩子的人生观、价值观和人格修养，以不至于发生不该发生的事情。

授之以渔，让孩子可以自己保护自己

父母要想孩子安全地成长，最重要的还是教孩子学会保护自己，自觉树立安全意识。正所谓"授人以鱼不如授人以渔"，教会孩子自我保护的方法，让孩子懂得自我保护，这样的安全教育才能够达到理想的效果，孩子也才会安全健康地成长。

▶▶ 交通安全是孩子安全教育的重要内容

孩子每天的生活都与交通有着密切的关系，如果孩子缺乏交通安全意识，往往造成交通事故。事实上，学龄前儿童以及中小学生因交通行为过失而造成的事故确实不在少数。

虽然政府在交通方面为儿童做了一些安全措施（例如，德国就专门为儿童制订了《儿童过街法》，内容为：白天给儿童佩戴斜挂在肩上的彩色缓带，夜间过街时穿发光衣，行人、车辆看到后要主动停下来，让儿童先过街。加拿大政府对此也有规定：当儿童手持"STOP"标语牌过马路时，一切车辆必须停下来，让儿童先过街，任何人坐的车辆都不例外），但是，还需要父母经常给孩子灌输一些交通安全方面的知识，教孩子学会保护自己的安全。这样，即使孩子独自过马路，独自乘坐交通工具时，父母也能放心孩子的安全，而且，无形中也增强了孩子独立生活的能力。

因此，父母应该在平时多向孩子普及一些交通安全知识，让孩子熟记交通规则，并懂得如何利用交通安全知识来保护自身的安全。比如：不要乱穿马路，必须在人行道上行走，如果没有人行道就靠着路边走；横过马路时，一定要走斑马线人行道；不要在马路上玩耍、踢球、追车或抛物击车，不要在马路上做妨碍交通的事；坐车时不要把身体的任何部分伸出车外，也不要妨碍司机正常工作；不要翻越马路上的交通隔离设施；不要在人行道或马路上学骑自行车。

当然，如果父母仅仅是把枯燥的交通知识讲给孩子听，还不能强化孩子的记忆力，孩子们也没有意识到交通安全的重要性。那么，父母就应该把这些交通知识融入日常生活中，通过日常生活的场景或者案例告诉孩子交通安全知识的重要性，强化孩子的记忆，给孩子留下深刻的印象。此外，家长还可带孩子观看有关交通安全的图片展览和影视片，引导孩子从中明辨事理，吸取教训。这样，孩子会很自然地接受交通安全知识的教育，也会懂得怎么样来保护自己的安全。

而且，家长自己要成为孩子交通安全的引路人。近年来，一些学龄前儿童以及中小学生由于交通行为过失而造成事故频发，而且让人痛心的是，其中一部分交通事故还是在父母或其他成年人同行时发生的。因此，父母应该为孩子树立良好的榜样，注重言传身教，引导孩子正确地走路、骑车、乘车，自觉遵守交通法律法规，给孩子树立一个良好的榜样。

▶▶ 孩子有能力辨别善恶才能保护自己

古希腊有一个神话传说：在海上有一个海妖，它是半人半鸟的样子。当有船经过它所住岛屿面前的时候，它就用美妙的歌声去诱惑船员。一般缺乏判断力的船员就会被它的歌声所吸引，就会让航船接近海妖，结果，一只只航船都因被它诱导而撞到暗礁上沉没。但有一个叫奥德修斯的人，他能辨别出海妖的恶毒，在他靠近海妖时，他事先用蜡封住海员们的耳朵，然后把自己绑在桅杆上，他这样顺利地避开了海妖歌声的诱惑，顺利地完成了海上航行。

对孩子来说，由于他们缺乏认识事物、分辨事物的能力，很容易会被"海妖"们诱惑而误入歧途，并因此受到伤害。

为了避免这种情况的发生，许多父母选择帮助孩子规避掉所有的危险和邪恶，可是，孩子总有一天会离开我们，长大之后的他们将无法生存。因为他们无法面对这个复杂的世界，更没有能力分辨是非善恶从而好好保护自己。

其实，保护孩子最好的方法就是让孩子学会自己保护自己，提高孩子辨别善恶的能力是最好的办法之一。

从方法上来说，父母可以在文化艺术的学习中引导提高孩子辨别善恶的能力。在孩子对一些文艺作品欣赏的过程中，父母要适当给孩子予以辅导，让孩子了解内容的背景，抓住作品的精神实质，而不要错误地去理解内容。如《历史的天空》这部电视剧，说的是在抗日战争和解放战争的过程中，梁大牙从一个伙计到将军的英雄故事，是一部有一定教育意义的电视剧。但是有些孩子只是看到梁大牙鲜明的叛逆性格，竟把梁大牙的叛逆用到自己生活中去。这个事例告诉我们，孩子在欣赏文艺作品的过程中，父母对孩子看什么，怎样看，应该进行指导，这是有多么的重要。孩子在观看影视、阅读文艺作品后，父母要和他们平等交谈，在交谈中帮孩子分析这些文艺作品的思想性，使孩子正确认识这些文艺作品的主题，引导孩子学习正面人物的好品德，对反面人物产生憎恶感。这样，孩子就会从文化艺术的学习中提高自己辨别善恶的能力。

也可以在生活的小事上提高孩子辨别善恶的能力。其实，生活的一些小事最能锻炼孩子辨别善恶的能力。因为孩子能接触社会中众多的人和事，实践的内容十分丰富，有很多增强孩子善恶观念的资源。例如在社会活动中，孩子为大家做好事了，老师和父母就会表扬他；如果发现孩子不讲社会公德，父母和老师就会立即制止，并且还批评孩子的不对……这样，孩子在社会实践的过程中，会渐渐地明白社会崇尚的是什么，孩子辨别善恶的能力不仅会提高，而且会身体力行。

当然，利用孩子的模仿本能，用榜样的作用也能激发孩子辨别善恶的能力。在孩子的心目中树立几个英雄的形象，孩子就会以这些英雄人物为楷模。这是父母最生动、最实在的教育手段之一。榜样是学习、生活各方面的优秀典型。孩子在学习和生活中总是喜欢拿自己与优秀的人相比，希望自己能够像优秀的人一样。父母可以抓住孩子的这种崇拜心理，帮孩子选择一个疾恶如仇的榜样，让孩子运用榜样来激励自己，从而提高孩子辨别善恶的能力。

总之，孩子在成长的过程中，可能会遇见很多类似"海妖"的东西，如果能辨别出来，孩子就会像奥德修斯一样在邪恶面前很好地保护自己了。

▶▶ 强大的内心能帮助孩子远离校园霸凌

近些年来，校园霸凌事件频频发生，已然成为一个不可忽视的社会现象。安徽怀远火星小学副班长逼同学喝尿吃粪、日照五莲一名中学生男孩在厕所被群殴、湖南女生在不到100秒视频中被掌掴32次、北京中关村二小一名学生被两人用厕所垃圾筐扣头……这些被网络曝光的可怕的霸凌事件只是校园霸凌现象的极端缩影。另有一项调查显示，大约有 28% 的儿童偶尔被霸凌，15% 的儿童经常被霸凌。

而且，校园霸凌的后果是相当严重的。根据 2014 年《美国精神病学杂志》发布的研究成果显示，那些童年时期曾被欺凌过的孩子，在 45 岁时会有更大的抑郁、焦虑和自杀风险，50 岁时认知功能也会表现较差。也就是说，霸凌所造成的心理和认知影响在 40 年后之后，仍然持续影响他们的生活。

校园生活应该是最美好的时光。除了社会、学校应该合力为孩子们创造安全、无暴力的教育环境外，作为父母，我们也应该要教会孩子远离校园霸凌，这对孩子来说也是一种自我保护能力的培养。

首先，父母应该有意识地增强孩子避免被校园霸凌的能力。要不时地提醒孩子，尽量不要一个人出现在僻静的地方，在学校里要去少人出入的地方时，要和同学相伴而行。例如：楼梯间、厕所、操场角落等处，不给校园暴力者有可乘之机；在孩子所穿着的衣装及使用的物品上，如果是昂贵名牌，要教导孩子不要随处炫耀，因为这种招摇的举动，往往会成为校园霸凌者攻击的目标；要求孩子以谦虚或尊重的态度对待同学和师长，培养孩子好的社交和沟通能力，若遇校园霸凌，让孩子有一种勇敢不畏惧的姿态，让霸凌者产生畏惧。

其次，父母应该给孩子足够的安全感。一个能规避校园霸凌的孩子，他一定也是一个安全感十足的孩子。也就是说，孩子在学校一旦有了安全感，就会敢于面对校园霸凌，他们在同学面前也就会有一份自信、自立和自强。事实表明，校园霸凌的受害者，往往都是那些心理懦弱的孩子。因此，父母要给予孩子足够的安全感。如何建立孩子在学校的安全感呢？主要是给孩子提供一个安全、稳定的学校环境。比如，孩子在学校遇到困难向父母求助时，父母能及时到校并给予妥善处理。父母要让孩子知道哪些事情可以做，哪些事情不能做，使他们知道如何遵循做人的准则做事。孩子懂得自己行为的自由和限制，孩子才能获得真正的安全感。孩子有了安全感，他在学校里生活得才会更踏实。

再次，父母应该对孩子的学校生活多些关注。比如，孩子身体有不明伤痕、对校园事情言辞闪烁、拒绝上课等异常的行为，父母应给予关心，并试探询问校园近况，这样能防止校园暴力的进一步升级；再一个就是和老师常保持联系，定期用电话询问孩子的近况，建立亲师沟通管道，一旦发现孩子行为改变能及早处理；和孩子相处较不错的同学及其父母熟悉，并保持密切联系，这样可通过其他人，了解孩子在校园中的情况。这样不但能够及时发现孩子身上是否存在霸凌情况，对孩子来说，父母的关注也是一份心理支持，能帮助孩子提高抗击校园霸凌的能力。

另外，父母还应该鼓励孩子敢于向大人求助。父母要让孩子明白，求助也是一种自我保护的能力，而并不是一个人懦弱的表现。父母要给予孩子足够的信任，让孩子相信，大人能彻底处理好他与对方的冲突。父母得知事实后，要是采取退缩或息事宁人的态度，或直接到校找到暴力对方或其父母理论，这会让孩子更担心自己的处境，孩子就不会向父母求助了。若孩子已遭受校园暴力，父母需帮助孩子排除心理阴影，并保护他免于再度受到伤害。

▶▶ 让孩子可以冷静地解决突发事件

生活中的种种危急情况都是在不经意中发生的，而在危急关头，一个人能否全身而退，主要看他能否在平时对生活中的危险多一份警惕。

但在孩子的眼里，世界上的一切仿佛都是美好的，他们会因为年龄太小、社会阅历太浅，看不见在这美好事物的背后，往往隐藏着危机。因此，父母的责任就是要教会孩子警惕生活中可能会发生的危险，让孩子能在天灾人祸中化险为夷，这也是给予孩子最强的保护能力。例如，在著名的哈尔滨天鹅饭店的火灾中，烧死了不少住宿的客人，但令人奇怪的是，所有的日本人都成功脱险。原来，这些死里逃生的日本人，在自己小时候，就认识到在生活中所存在的危险，并且学会应对这些危险的办法，从而在这次火灾中全都安然无恙。

我们确实应该学习日本人这种教育孩子的方式，有意识地加强孩子的自我保护意识。

在对孩子讲安全问题的时候，父母要对孩子讲清楚两个方面的内容：一是在生活中会存在哪些危险，要孩子有"防患于未然"的意识；二是在具体的一些危急中，孩子如何做到自我保护。

让孩子明确生活中有哪些危险时，我们应该做到既要让孩子引起足够的重视，又不能让孩子提心吊胆、草木皆兵。孩子要掌握一些生活阅历和经验，什么地方有危险，什么事情有危险，什么类型的人最危险，这都需要孩子去了解掌握。比如：不要随便接陌生人递过来的东西；迷路了找警察叔叔；遇事不慌，千万不要到无人的地方或者陌生人的家里去；放学独自回家时，发现有陌生人跟着要想办法把他"甩"掉；碰到了坏人，要尽量避免自己受伤害，记住坏人的样子，及时报警。父母在口传心授的同时，还可以通过引导让孩子看有关安全方面的电视或书籍，使孩子明白生活的危险都藏在那里。

当然，提高警惕还不够，最重要的还是教会孩子应对危险的方法。

一是冷静。突发事件对于成年人来说也是不可忽视的考验，更别说是一个孩子。因而，在平时的生活中，父母要有意识地培养孩子冷静的心态，告诉孩子即便发生了什么事情，也要冷静思考是否有方法可以解决，或者找人求救，让孩子学会冷静乐观地面对突发事件。当然，培养孩子冷静的心态还需要在平时多下功夫，许多父母习惯了事事为孩子做好，一旦孩子遇到了突发事件就没辙了。所以，在日常生活中，父母不妨放手，让孩子独立去承担一些事情，有意识地培养孩子独立解决事情的能力，增强孩子应对事件的能力。这样即便是在突发事件面前，孩子也能够冷静乐观地面对。

二是机智。孩子的应急处理能力是孩子综合实践能力的一部分，父母应该加强这方面的教育。父母可依据具体的突发事件来教孩子一些应急处理方法，以防孩子遇到了突发事件时手足无措。

危机演习就是一个不错的方法。平时父母可以假定一些危险来袭的场景，用游戏的方式来告诉孩子其中的自我保护要领。比如，父母可以在暴力侵害中扮歹徒；可以在孩子迷路中扮坏人或平常的路人；到一些公共场所时，可以设想地方起火，要孩子自己找逃生路线等，帮助孩子提高自我保护能力。在假设中重点要求孩子的是：假定遭遇暴力侵害——在游戏中主要告诉孩子，当歹徒行凶等危险事情来临时，我们应该告诉孩子"跑！使劲地跑！"并做出大声呼救。向有出口的地方跑，向人多的地方跑，同时大喊寻求帮助。在孩子到了一定年龄的时候，特别是女孩子，可以让她去学一些防身术；假定迷路——父母可以设置一些障碍，让孩子自己去思考、推测原因，并让他设身处地去考虑应对的措施和对策。这样的教育在方法上都是非常好的。

另外，如果孩子能够独立解决问题，那是最好的，但有的孩子根本不知道自己究竟该怎么办。因此，父母还应该教孩子懂得求救，最直接的救助人就是父母了，父母应该让孩子记住自己的电话号码、名字以及自己的单位地址、家庭住址。另外，如果联系不上爸爸妈妈，也可以让孩子联系其他亲属，需要提醒的是，让孩子千万要避开陌生人的"热心"帮忙。

总之，父母要让孩子警惕生活中的危险，懂得自我保护的意义，掌握自我保护的方法。天有不测风云，孩子要是能从容应地对各种危急情况的话，他的独立能力就足够让父母放心了。

|第九章|
信任的家——失败的经验教训更能推动孩子成长

　　父母捍卫子女，不让子女们受到痛苦，是可以理解的。但是，你护得了他一时，护得了他一世吗？每个人一生都要遭遇无数次挫折、失败，过度的保护，反而会让孩子缺乏从错误中学习的机会，限制孩子能力的发展，并使得孩子变得无能，受不得一点"风浪"。如果遭受了挫折、失败，就抬不起头来，意志消沉，没有斗志，那么必然任何事都做不成。

　　其实，每个孩子都有适应环境的无限潜能，放弃你那种过于担心的顾虑，给孩子一个有利于锻炼他能力、适宜他成长的被信任的环境，然后他才能在这个被信任的环境中，建立自信，发挥潜能，努力创造，最终赢得一个辉煌的未来。

每个孩子身上都有一个"自我帮助系统"

很多时候，在挫折面前，如临大敌的往往不是孩子，而是大人。大人常常会担心，孩子能否应付得了带给他痛苦体验的挫折，这种担心往往让大人有一种冲动，想要帮助孩子逃避挫折，甚至要代替他承受挫折。

事实上，我们完全不必担心孩子会因为一次的挫败，就不得翻身。其实在每个孩子的内心深处，都有一个"自我帮助系统"，在处理挫折的过程中，会接纳各种各样的处理方法。它可以让孩子逐渐从容地应付复杂的狂风巨浪，即使哪一次失败了，也懂得爬起来再战，并明白什么时候该再接再厉，什么时候该另起炉灶。而这样的智慧，是必须在亲身实践中学会的。

▶▶ 放手，让孩子独自面对挫折和失败

众所周知，就算是吃奶、说话、走路这样最简单的事，孩子也会失败很多次，可是最终还是胜利了，成功了。父母应该从中得到启示——尽量拒绝孩子用"我不会"作为借口来换取大人的帮助，而应该让孩子自己去完成自己能完成的事。

例如，下面这位日本妈妈的做法就值得我们学习。

春子是个很温柔的日本女性，她有一对宝贝儿女，9岁的儿子正男和5岁的女儿由美子。她平时对待孩子总是和蔼、耐心，尤其

疼爱小女儿，整天把她打扮得花枝招展，但是她却从不溺爱孩子。

一个初春的黄昏，春子正在洗衣服，由美子淘气地追逐着一只红蜻蜓。由美子突然看到住在隔壁的中国男人下班回来，不由喊一声："叔叔！"并张开两只小手朝他扑过去，谁知被一块小石子绊了一下，顿时失去重心"扑通"一声摔倒在地上。

"哇……"由美子疼得大哭起来。中国男人慌忙想上前搀扶，谁知却被春子太太一把拽住了。

"由美子，不许哭，自己站起来！"春子对着女儿大声嚷道。见女儿仍然哭泣着不肯起来，春子再次怒喝一声："不许哭，站起来！"

春子神态严肃，与往常笑眯眯的样子判若两人，中国男人惊异地望着这位"狠心肠"的娘，感到简直不可思议了。

由美子终于止住了哭声，一双大眼睛委屈地望着母亲，自己慢慢地爬了起来。

春子这时才一把抱起女儿："我的宝贝，真乖，听妈妈的话，摔倒了自己站起来，将来一定是个好孩子。"

由美子懂事地搂住妈妈的脖子奶声奶气地道："妈妈我听你的话，再也不哭了。"然后瘸着小腿一拐一拐地又去玩耍了。

人生中痛苦和挫折是不可避免的。不管有多么痛苦，父母都要帮助孩子正视现实。孩子有勇气面对挫折、并战胜挫折，从挫折中学到更多经验，才能成为生活的强者。

▶▶ 鼓励孩子"安全的冒险"

其实，我们不但不能做帮孩子处理事情的"搭救者"，反而应该鼓励他去接触、去尝试、去体验陌生的事物，给孩子创造磨砺胆量的机会。

所以，当孩子全神贯注地看灶台上的火并希望触摸时、当他用小手去摸仙人掌时、当他往地上丢玻璃杯时，在保证安全和不妨碍其他人的情况下，不妨让孩子尝试一下。尝试过后，孩子就会知道原来红红的火会烫手，尖尖的仙人掌会扎手，玻璃杯落在地上会破碎。想想看，如果大人不给孩子这些"冒险"的机会，孩子可能需要花更多的时间来了解这些事情，而且极有可能代价会大得多，更为重要的是这些行为一定程度上能让孩子变得更爱尝试，更爱探索，而这更利于孩子的成长。

一般来说，要根据孩子的不同阶段，采取不同的措施激活孩子的冒险精神，如对 3 岁左右的孩子，要鼓励他识路，可在交通情况不复杂的情况下，让孩子独自一人去指定的地方。大人可采取尾随的方式，以确保孩子的安全。五六岁时，可鼓励孩子玩滑板、学游泳、学骑自行车，玩一些冒险的游戏，等等。在这些有冒险性质的活动中，孩子的冒险精神会一点一点儿被激发出来。

当然，如果孩子的冒险行为总是以失败而告终，就会大大打消其探索积极性。比如，孩子将各种玩具拆开，却再也组装不好。对孩子的这类"冒险"行为，大人要引导孩子如何"冒险"才有收获，比如教孩子组装的技巧、讲解组装的原理等等，孩子会在这个过程中学到知识和提高动手能力。

总之，不要怕孩子摔跤，摔跤之后爬起来再跑的孩子的脚步会更稳健，也不要过分担心孩子禁受不住风霜的洗礼，"阳光总在风雨后，请相信有彩虹"，让孩子在"安全的冒险"中接受风霜洗礼，这样，孩子才会真正地成熟和坚强起来。

家人的支持可以让孩子尽快走出困境

孩子的意志力毕竟还没有那么强，所以在遭遇挫折和失败以后，很容易萎靡不振，如果这时候大人不管不问，任其发展，或者采取不适当的方法，如讥讽、嘲笑，甚至训斥、打骂，那么孩子很容易破罐子破摔，继续"受挫"下去，直至无可救药。

美国国家儿童发展科学委员会一项报告显示，一个孩子能否从伤害事件中尽快恢复，最关键的因素是他是否和养育他的成年人有着一段坚实稳定的互动关系。当一个人拥有一段或几段有支持力、有回应的社会关系，再配合一定的处理困境的能力，他就能迅速从逆境中走出来，快速适应环境。这也就是说，父母要在孩子面对了挫折之后，让孩子充分感受到爱，给孩子提供充足的信任感和安全感，他才敢大胆地去尝试。

▶▶ 孩子需要的是鼓励，而非安慰

生活中，我们经常可以看到这样一种现象。孩子哭了，爸爸妈妈看到了就马上过去安慰，可孩子不但没有停止哭，反而会哭得更厉害。这是为什么呢？孩子这个时候不是需要被安慰吗？为什么越安慰越哭闹？

其实，当孩子遭遇失败、挫折时，最需要的是鼓励，而不是安慰。鼓励才能生出勇气，安慰只能生出娇气。

例如下面这个例子：比尔的父亲是一个非常成功的科学家，因此他对自己的孩子要求也很高。尽管比尔只有 5 岁，但是父亲经常对他提出要求和批评，渐渐地，比尔觉得非常丧气。所以每次爸爸对他讲有什么事情做得不对，或应该做得更好时，他总是拉长了脸，说自己是个笨蛋，蠢得要命，从来没有做任何事情能做得对的。他会站在那里，低下头，眼睛盯着双脚，沮丧极了，看起来像是世界上最失败的孩子。

往往孩子说这些话的时候，都是希望得到父母的反应。那么比尔的父亲是怎样处理的呢？父亲对他讲："亲爱的，你知道，你并不笨，也不傻，爸爸相妈妈都很喜欢你，你是个好孩子。"

无疑，这些话是出于对孩子的爱，但对于这个孩子，这些话对孩子起不了一点好的作用。这只是安慰孩子。

实际上，这个五岁的孩子存在失去自信心的问题，父母能够帮助他的唯一的办法是鼓励他，而不是安慰他，或者保持他的自怜。父亲应该这样讲："你这样看待自己，我觉得很难过。其实我根本没觉得你是个笨孩子。"同时，还应该有意识地帮助他重建自信心。例如：可以设置一些可以实现的目标给孩子去做，当他成功了，不要一股脑儿地给他许多赞扬，或者告诉他，他有多么伟大；相反，应该对他说："你现在这样做，就对了，你是不是在慢慢地感觉到一些事情，我想，你现在一定觉得自己很高兴，看起来，多做一些努力，还是有效果的。"这种话，对这个 5 岁的孩子，甚至 10 岁，15 岁的孩子都有很大的鼓舞作用。

▶▶ 允许并鼓励孩子宣泄负面情绪

当孩子面对挫折、失败，难免产生负面情绪。理解孩子的感受，允许孩子自由表现和发泄自己的负面情绪，孩子就能感受到父母的关爱和支持，从而排除烦恼，变得放松和积极。

如果孩子的发泄方式是痛打"娃娃"或砸玩具时，你的任务不是去指责，而是设法通过言语或行动引起孩子的情感共鸣。孩子得到父母的暗示，自然会停止"暴力"；

如果孩子选择向你倾诉，一定要先认真倾听，让孩子把悲伤和委屈发泄出来之后，再进行心与心的交流和疏导。这样，即使问题并未得到解决，孩子在心理上也容易获得平衡，也就起到了很好的"净化作用"。而且，更重要的是，当我们真正倾听孩子的感受，他就会逐渐学会设身处地地理解他人，将来他也会用我们对待他的方式来对待他人。当然，如果孩子不愿与你交谈，希望单独思考，那么你也就不要在一旁唠唠叨叨；

如果他哭鼻子的话，你也千万不能要求孩子憋住，甚至可以不要去劝阻，因为一个人尽情哭过之后，感情可重新恢复平衡，相反，如果你要求孩子停止哭泣，不能表现出软弱，孩子就会把心中的负面情绪积聚起来，久而久之，反而造成孩子的消极心理。

另外，我们还可以引导孩子寻找一种更好的发泄方式。例如，可以带孩子到野外登山，或进行较激烈的体育活动，让他的情绪得以释放；可以兑现一件他久为期盼的承诺以满足他不平衡的心理；或是主动离家一天，让孩子邀好友们来家开个聚会，任凭他们疯狂地玩闹……这些做法，不仅可以使孩子的情绪得以宣泄，恢复心理的健康状态，还可以拉近父母与孩子的心理距离。

当然，除了在孩子情绪发作时进行必要的引导外，家长更应该注重在平时培养孩子控制自己情绪的能力。

很多时候孩子会因为自己的要求没有得到及时满足而表现出一系列负面情绪：焦躁、烦闷、不安，甚至大发脾气。他认为自己被大人忽略了，他要让大人知道他的不满。

这样的事情，首先孩子有责任，因为没有得到满足就狂躁、发脾气，显然是缺乏足够的自控力和自我约束力的表现，有些任性。大人这方面，要及时发现孩子情绪的变化，了解事情的原委，然后妥善加以解决。

解决的好办法是延迟满足，即不要立刻满足孩子的要求，而是延迟一段时间再予以满足，让他学会等待，学会忍耐，学会自我约束。延迟满足最开始，是以恰当的方式拒绝孩子的要求，让孩子能接受要求在当下得不到满足的现实。比如，可以提前跟孩子说："爸爸一会儿可能很忙，有什么要求，需要等爸爸忙过了再提。"

通常情况下，孩子对等待感到很难受，不愿意等待，这时，大人可以给孩子提个建议，出个主意："这段时间你可以先去把恐龙王国的拼图拼好。""你把你放玩具的小柜子收拾好了，爸爸可能就忙完了，然后咱们再解决你刚才说的事情。"

延迟解决让孩子知道了很多要求不是提出来马上就可以得到满足的，是要受其他一些事情的限制和约束，比如通常要受时间的约束和限制，这样有利于孩子控制自己的负面情绪，促进自我约束和自我控制力的养成。

另外，我们大人自己一定要尽量保持好情绪，尤其要在孩子面前努力创造出一种良好的情绪氛围，多一些积极向上、乐观的、豁达的情绪，少一些消极、低沉、悲观的情绪，这种气氛会潜移默化影响到孩子，增强他们抵抗负面情绪的能力，使他们不再因为一点小事就陷入焦躁、烦闷、愤怒中，而是能积极勇敢地面对。

总之，如果孩子能做到不被负面情绪所困扰，甚至可以从负面情绪中汲取到积极向上的力量，化不利为有利，那么自然会增强内心力量，也会获得良好的人际关系，为日后走好人生之路做好铺垫。

在孩子的成功路上点亮一盏指路明灯

既然父母不可能永远充当孩子的避风港、保护伞；既然他迟早要进入社会，自己去面对困难，也一定会经受挫折，那么，最明智的做法就是，尽早培养孩子将来适应社会的能力，让孩子学会自己应付挫折。只要我们充分相信孩子，再加上合适的引导，他必然会给大人递交出一份满意的答卷。

▶▶ 帮助孩子建立坚持的品质

如果我们仔细想想就会发现，许多事情之所以没有最后完成，很多时候并不是事情太难，或者完成的条件不具备，而是没有坚持下来。

例如，现实生活中，很多家长都希望自己的孩子有出息，在孩子出生后，甚至还没有出生时，就为孩子设计好了很多发展的蓝图，让孩子学钢琴、学画画、学书法、学英语、学舞蹈、学主持、等等，可最后能坚持下来，不半途而废的又有多少人呢？坚持不下来成为很多父母和孩子跨不过去的"门槛"。

而美国一项针对儿童成才因素的调查研究也得出了相似的观点：智力与成功之间并不完全相关，却与个性意志有很大的关联性。多数的创造、发明和事业的成功是不会一帆风顺的，总要经历一番磨砺，克服重重困难，才能获得最后的胜利。因此，我们一定要引起重视，并想方设法帮助孩子建立起这个宝贵的品质来。

做事前：灌输理念

培养孩子做事坚持不懈的精神是一个循序渐进的过程，在日常生活中，要经常给孩子灌输"坚持就是胜利，坚持就能成功"的做事理念。

可以给孩子讲一些名人做事坚持不懈最终获得成功的故事，比如NBA明星迈克·乔丹为了打好球，每天训练都在18个小时以上，从未间断，有时候吃饭、睡觉都在篮球场，最终成为篮球界"飞人"，创下了诸多佳绩。

过程中：加油打气

做事过程中，难免要碰倒麻烦，遭遇挫折。孩子在还没有培养起坚持精神和顽强毅力的时候，很容易被这些麻烦和挫折吓退、击倒，当孩子遇到困难准备放弃时，大人要及时给他们打气，鼓励他们想办法继续坚持下去。

1. 用"大目标"来激励孩子的斗志

当我们心里有一个"大目标"时，即使面对再多挫折，也会不忘初心，坚持到底。让孩子时时回想自己的愿望，牢记自己的愿望，就会让他产生向目标靠近的动力。不妨建议孩子每天大声朗读自己的目标计划，在朗读的过程中，无形加强了他对目标的认知。

2. 强化孩子的自我激励意识

积极的自我心理暗示，会为孩子提供充沛的原动力，使他可以冲破重重障碍，成为一个自强不息的人生斗士。不过，要想让孩子学会自我激励，给自己喝彩可不是一蹴而就的，它要求父母对孩子进行长期的、潜移默化的激励意识。在对孩子进行表扬时，可有意识地将主语"我"改成"你"，如，"你又有了进步，我为你感到骄傲"

可改为"你为今天的进步一定付出了很多的努力，你会为自己感到骄傲的"。久而久之，孩子就会内心承认自己，并且领悟到努力后获得的成功，就是对自己最好的奖励。

3. 给孩子"实实在在"的帮助

孩子遇到挫折，最需要的就是帮助。告诉孩子做事遇到麻烦和困难是很正常的事，并帮助孩子分析原因，积极想办法。具体做法是：家长要尽可能地引导孩子把自己的想法和感受表达出来。这样做，一方面能够给孩子宣泄的机会，有利于缓解孩子的心理压力，消除孩子因挫折与失败引发的心理阴影；另一方面通过孩子宣泄的过程，家长也可以进一步了解孩子，共同分析原因，帮助孩子寻找成功的方法，营造融洽的亲子关系。

另外，在帮助孩子建立坚持品质的过程中，大人切不可一时心软就对孩子让步，有了第一次就有第二次，长此以往，孩子坚持的品质很难培养起来，就会变成一句空话。

▶▶ 多向孩子灌输一些乐观主义的思想

正如达尔文所说："乐观是希望的明灯，它指引着你从危险峡谷中步向坦途，使你得到新的生命、新的希望，支持着你的理想永不泯灭。"如果我们可以在孩子心中燃起乐观的火种，无异于赐予孩子一件对抗挫折的强大武器，会大大增强孩子缔造美好未来的能力。

因此，我们可以在平时，或当孩子遇到困境时，多向孩子传递一些乐观主义的思想，让孩子明白：任何事物都有两面性，换个角度看问题，就能看到事物的另一面，继而帮助孩子排除消极、悲观的思想，对任何事情抱着乐观的态度。即使遇到了挫折，他也会认为那是成功前的必经考验。

比如，一个孩子考了 59 分，非常伤心地回到家。爸爸生气地说："真没用，连及格都考不到，你整天上课都在干什么？"孩子低着头，一句话也不说。这时，在厨房做饭的妈妈听到丈夫训斥孩子，走了过来，看到儿子的成绩后，笑着说："59 分，只差 1 分就及格了，下次稍微努力一下就可以了。"这时，孩子马上笑了。这个妈妈的做法比爸爸不知道高明了多少倍！

当然，语言的灌输永远不及亲身示范。你如果周末要加班，应该跟孩子说："今天妈妈工作很忙要加班，看，公司还是很器重妈妈的哦。"而不是跟孩子说："该死的，为什么周末还加班？"事情是同一件，但是你不同的言语却能让孩子有不一样的感觉。

事实上，有乐观的父母，才有乐观的孩子。其中部分原因可能与遗传有关，但父母所创造的快乐环境也是孩子快乐的源泉。

曾有研究发现，生长在快乐家庭的孩子，长大后比一般人要更快乐。如果你在外面受了"窝囊气"，回来便对孩子发"无名火"，这种情况特别容易打击孩子的自信和乐观。因为孩子会把父母的恼火归咎为自己的错误，但他又不知道自己错在哪儿，于是只好全盘否定自己。长久下去容易让孩子自责、退缩，并蔓延为隐约却牢固的消极心理氛围，淹没孩子乐观的笑容。

因此，即使你情绪不好，也要在孩子面前尽量表现出乐观来，孩子在父母努力营造的快乐的气氛中，也会变得开朗、乐观起来。

对一个家庭而言，没有什么比建立家庭传统更有价值的了。过春节时的饺子、鞭炮，或是过生日时的蛋糕、蜡烛，这些传统习俗都十分重要，因为它们赋予孩子生活的意义，加强家庭成员之间的感情，让孩子获得更"长久"的快乐。

同样珍贵的还有每个家庭独特的小传统，例如每个周末全家外出晚餐，每个月末全家一起看一场儿童电影，等等，这些熟悉而亲密的传统习惯会带给孩子强烈的安全感。

简单一句话，家庭传统习俗会让孩子的快乐更"长久"，我们能为孩子做得最好的事就是自己成为一个快乐的、知足的人。

▶▶ 自信是孩子对抗挫折的最好武器

自信是力量的源泉，是生命的根基，有了它，才能跨越障碍，推进各项计划，孩子美好的人生需要强大的自信做后盾，因此，为了孩子能够拥有一个美好的人生，为了让孩子更好地应对生活中的困难和挫折，更有能力创造美好生活，一定要努力帮助孩子树立起对生活、学习、人生的自信心。

首先，我们需要让孩子对自己的能力有一个清楚的认知。其实，除去一定的遗传因素和心理因素，缺乏自信的孩子，多"产"于溺爱型的家庭。父母对孩子过分保护，事事代劳，便会造成孩子对自身能力认识程度的缺乏，这对于建立孩子的自信心是一个大忌。事实上，家长不但不能剥夺孩子认识自身能力的机会，反而应该努力创造出一个利于孩子施展身手的空间，尤其是展示优点的空间。因为有机会展示自己的优点，就会强化孩子的心理优势。不妨让孩子为自己记一本"成功薄"，让孩子每周记下自己的成功，借这种方式强化自信心。如果能长期坚持这种方式，必然会让孩子的自信心从无到有、从弱到强建立、健全起来。

其次，在孩子做出某种尝试时，用鼓励代替吓唬。其实每个孩子天生都是积极的，勇敢的，他一张开眼睛，就尝试到处看看，当他能控制自己的动作时，他喜欢到处爬，到处摸，什么都拿起来咬，大人做什么，他也模仿着做什么。但很多时候，为了降低孩子所能遇到的各种危险，大人经常用各种方法恐吓孩子："别再往下跳了，万一摔倒，腿会断的！""别摆弄剪刀，弄不好把手指剪断了。"这种教育方式往往会让孩子畏首畏尾，从而不再有胆量去尝试做任何事情。而如果连尝试的勇气都没有，那么自信心的建立和提高又从何谈起呢？

所以，如果你想让他保持勇敢自信、积极进取，你就应该记住：别轻易吓唬孩子。要让孩子明白，谁都有失败的时候。这样，孩子每次尝试做一件事情时，他得到的都是鼓励而不是打击，他当然会很有自信，乐意一而再再而三地努力去做自己还不会做的事情了。长大了之后，他很自然就会成为一个勤快的、乐于尝试新事物的、积极向上的孩子了！

| 第十章 |

积极的家——帮助孩子树立正确的金钱观

生活中，大人在谈论金钱或处理金钱问题时，往往有意无意地避开孩子，认为孩子只需要伸手要钱就行了，其余的都是长大以后的事情。但如此长大的孩子，要么成为财务自然主义者，要么被钱牵着鼻子走或对钱无能无知。

其实，最好的财务教育时机就应该在孩子们最渴望学习的少年时代。受到良好金钱观教育的孩子长大成人后，才能对金钱抱有正确的心态，处理好人与金钱的关系，一生不为金钱问题所扰。

不要把你的贫穷观"塞给"孩子

财富教育本身和穷富是没有关系的。贫穷，也许只是暂时的一种生活状态，如果将贫穷转变为一种观念，由父母的言行植入到孩子的心中，那么，这个孩子终其一生都将为其所累。

▶▶ 不要把贫穷作为督促孩子的理由

尼尔·古德弗雷在他的《钱不是长在树上的》一书中就曾说过，家长一定不要对孩子，在金钱问题上说谎。比如，你不想给孩子买他们想要的东西时，可以说"这个月我没为这样东西做预算"，或者直接告诉他"我不准备买这东西"，而不要用"我们买不起"作为搪塞的理由。因为你要在孩子面前表现出，你在控制金钱，以帮助他树立起对金钱的健康态度。

事实上，即使你真的窘迫，也不应该让孩子背上沉重的家庭负担。不要告诉孩子"家里没有钱，只能靠你了，你要好好上学，才能赚钱养家"。如果父母传递的总是生活的沉重和缺钱的窘迫，孩子由此得到的内疚感和自卑感最终会毁掉他们的梦想。例如不相信自己配得好工作，总是找吃力不赚钱的活儿，即使赚到钱也无法轻松享受，一给自己花钱就觉得愧疚，同时容易过度囤积东西，造成更大浪费。更无法正确把握自己和金钱之间的关系，要么为了钱不择手段，要么赚不到钱就更加沮丧。

父母不需要完美，但至少要诚实。诚实的父母，即使孩子得不到很多满足，会知道那是父母的问题，不是自己不配得，未来依然可以通过工作赚取丰富物质生活。

其实，孩子的未来能否丰盛，也不是家庭的贫富而是父母对金钱的态度决定的。一位女士富有而且修养气质很好，兄弟姐妹也都如此。她的童年时代，物质上大家都很贫乏，但妈妈总是保持生活中的美感，时不时给孩子们带回一些美好小玩意，从来不对孩子传递生活艰辛的沉重感教育，孩子们一直感觉内心富足，所以后来到社会上凭借自己的能力，各个富有而且有精神追求。

事实上，我们教育孩子，只是为了让他能够自食其力，撑起他自己的天空；我们养育孩子，只是因为，我们爱他。父母无论贫富，都可以给孩子传递：你的欲求很美好，你值得一切最好的东西。那么孩子未来自然会物质丰盛而且不执著奢靡。

这也就是我们常说的富养孩子的真正含义。现实生活中，许多人对富养孩子存在着误区，一些身价千万的父母，经常给孩子买一堆上千块的童装，却在孩子喜欢的贴纸或摇摇车上跟孩子较劲儿。这不是富养，因为你给予孩子的只是你想要的，而非孩子真正需要的。这样的孩子长大一些，容易变得欲壑难填，跑车名表攀比着买，也很难弥补童年的匮乏感。富养，养的其实是孩子的满足感与安全感，是与金钱无关的对于生活品质的追求。

孩子不会用头脑自欺欺人，无论大人认为道理多正确，孩子直接从能量层面感受大人传递的是正能量还是负能量。如果父母持续不断以正确为理由强加各种负能量，孩子最终也就变得如大人一般，活得沉重压抑，制约在所谓的"正确人生道理"中。因此，不管你是穷人还是富人，都应该向孩子传递富人的正能量，而不是因为自己的贫穷，就把让你变穷的负能量同样塞给自己的孩子。

▶▶ 激发孩子"我要成为富人"的野心

在法国有一位年轻人，他曾经很穷，很苦。后来，他以推销装饰肖像画起家，在不到 10 年的时间里，就成为媒体大亨，并且跻身法国 50 大富翁之列。但很不幸，他因患上前列腺癌于 1998 年在医院去世。

他去世后，法国的一份报纸刊登了他的一份遗嘱。在这份遗嘱里，他说：我曾经是一位穷人，在以一个富人的身份跨入天堂的门槛之前，我把自己成为富人的秘诀留下，谁若能通过回答"穷人最缺少的是什么"，而猜中我成为富人的秘诀，他将能得到我的祝贺，我留在银行私人保险箱内的 100 万法郎，将作为睿智地揭开贫穷之谜的人的奖金，也是我在天堂给予他的欢呼与掌声。

遗嘱刊出之后，有 48561 个人寄来了自己的答案。这些答案，五花八门，应有尽有。有的认为，穷人最缺少的是机会，穷人之穷是因为背时。有的认为，穷人最缺少的是技能，一无所长所以才穷，有一技之长才能迅速致富。还有的人说，穷人最缺少的是帮助和关爱，是漂亮，是名牌衣服，是总统的职位，等等。

而出乎人们的意料，在所有答案中，只有一位 9 岁的女孩猜对了——富翁的遗嘱公开他致富的秘诀是：穷人最缺少的是成为富人的野心。那么，为什么女孩也得出了这个答案呢？她说："每次，我姐姐把她 11 岁的男朋友带回家时，总是警告我说不要有野心！不要有野心！于是我想，也许野心可以让人得到自己想得到的东西。"

谜底揭开之后，引起了轰动。很多富翁在谈论此话题谈论，都承认：野心是永恒的"治穷"特效药，是所有奇迹的萌发点。穷人之所以穷，大多是因为他们有一种无可救药的弱点，也就是缺乏致富的野心。

欲望并不是邪恶粗俗的事，成为富人的欲望也不等同于拜金。"只要三餐能温饱，要那么多钱干吗？"这是违心之论。真正钟情于金钱才是成为富人的条件。所以，做父母的，应该适当地给孩子灌输"金钱重要"的意识，告诉孩子他们想要的东西的价格，给他们讲必须努力挣钱才能得到想要的东西，从而刺激孩子"我要挣钱""我要成为富人"的欲望。

给孩子钱，不如给他正确的理财观念

现在的父母总是在物质上给孩子的太多——给他金钱让他挥霍、留下遗产让他继承，但这并不足以让孩子一生幸福。套用网上的一个段子来说就是："二十年后，你把现在的房子给孩子，孩子会说太旧了。二十年后，你把现在的车子给孩子，孩子会说别逗了。二十年后，你把现在的钱给孩子，孩子会说不值钱了。"所以，与其自己日夜打拼，加班加点替孩子攒钱，不如现在教给孩子一个好的理财观念，这比为他们留下任何财富资产都好。

➤➤ 消费观：该省则省，当用则用

在新上市的股票可以一天涨好几倍的时代，再谈节约、节省似乎有些奇怪。但当你重新审视真正的富豪，会发现历经千锤百炼的古老法则似乎仍是致富的金科玉律。例如，世界最大的零售业集团——沃尔玛的创始人塞姆·瓦尔通，在其自传《美国造》一书中这样警告他的后代：子孙当中要是有谁胆敢玩弄纨绔子弟的那类奢侈品，我到地狱里也要起诉他。足见他对奢靡厌恶之深。

事实上，不管到了什么时候，节俭的观念都不应该过时。虽然现在家庭生活相对比较宽裕，大多数人都不缺吃，不缺穿，不愁没钱花，但这并不意味着我们就应该随心所欲的支配或挥霍。物足其用则可——俭朴可以使你在最大程度上享用生活，没有必要为了满足自己或他人的虚荣心而任意奢侈浪费。

但节俭习惯的养成，可不是一朝一夕的事情，这是一个日积月累、循序渐进的过程。在这个过程中，父母需要不断地给予孩子鼓励、引导和支持，还应该通过种种途径，让孩子体会劳动的辛劳，财富来之不易。孩子明白了父母的艰辛，才会真正懂得美好的生活来之不易。这样，既能让他更有孝心，又可以激发他的上进心，为了不让父母更辛苦，他会努力学习，回报父母。

但是，节俭不是吝啬，该用的地方也要大大方方地用。有些父母打着"节俭"的旗号禁止孩子去要父母不同意给的东西，这样的做法可能暂时唬住了孩子，却很有可能压抑了孩子的欲望，让孩子长后没有管理和运用金钱的能力。

另外，我们也有必要让孩子见识金钱的美好，即让孩子了解爱心远比金钱重要的道理，这也是财商教育的一项重要内容。现实生活中，我们时常见到这样的现象：好多人富得流油却为富不仁，充分表现出文学著作中描写的钱越多越是一毛不拔的势力嘴脸。可我们也见到许多并不富裕的人却闻困苦而落泪、见贫寒而伤神，奔走于各种慈善场合和捐款场所的温暖场面。这其中就反映了一个人财商的高低。

正如李嘉诚所言："如果我们只是一味追求金钱和权力，而置人类高尚情操于不顾的话，那么，一切进步及财富创造都将变得毫无意义。"因此，在我们培养孩子的金钱观时，一定不要忘了培养孩子的爱心，例如，妈妈可以带孩子参与一些捐助活动；在家庭组织集体活动时，让孩子作为一分子也得出点钱；再有，长辈过生日之类的家庭庆祝活动，也让他自己掏钱购买礼物馈赠，等等。这样，爱心，便会成为孩子身上一笔巨大的财富。当手中的金钱成为帮助他人的工具时，他们所收获的不仅是心灵的纯洁与温暖，还有使其一生都乐观、豁达、自信的力量，这能帮助孩子获得成功，并品味出财富人生的真正意义。

总之，该省则省，当用则用，这个理念才是我们应该也必须要告诉孩子的。

▶▶ 金钱观：不要把孩子引入拜金歧途

现在的孩子们，是在一个越来越富裕的时代中成长起来的，如果缺乏正确引导，孩子很容易陷入拜金主义之中。当孩子拥有"金钱至上"的观念时，其最直接的影响即是孩子在理想上的全面泯灭，我们很难想象，当孩子的眼睛里只有金钱，对任何美好事物都难以提醒兴趣，对任何事情都从利益角度考虑时，其行为会出现怎样的偏差。

所以，我们有必要教育孩子对金钱有一个恰当的正确的观念，既要让他们认识它在人生中的必不可少和难以替代的重要性，更要让他们知道金钱并不是万能的，避免孩子形成拜金主义，唯利是图的腐朽堕落的人生观。

对此，我们给家长的建议是：端正自己对金钱的态度。

事实上，没有任何一个家长会故意教自己的孩子拜金，许多教育上的失误，往往是来源于家长的无心之过。例如，一位有钱的家长这样教训他的孩子："别人家的孩子能跟你比吗？他们有钱出国旅游，有钱买这么多书吗？你爸你妈有能力让你读万卷书行万里路，你却不珍惜！"他表面上在教育孩子，但语气中却充满了对财富的崇拜和沾沾自喜。这样的思想工作，不可能让孩子学会读万卷书行万里路，只能让孩子学会用钱去摆平一切。

当然，"拜金教育"并非全发生在"富家长"身上，也同样会发生在"穷家长"身上。生活拮据往往会过分强调节俭。但如果家长用节俭消解一切开销的价值和意义，无意中也是把钱奉为圣物了，这样也会导致孩子形成另一种拜金心理——吝啬鬼心理。

这两种情况的发生，其实都是家长自己在潜意识中过分高估了钱的地位和影响，在这种潜意识之下，再教育孩子远离拜金主义，自然是不奏效的。如果我们自己在钱的问题上想明白了，言行自然一致到位，也自然会给孩子以良好的影响。

▶▶ 致富观：富有不是理所当然的

对于孩子来说，他得到的钱一般都是不劳而获的，是父母、亲朋好友以各种的名义送给孩子的，比如压岁钱呀，生日礼物呀，过节费呀，成人礼呀等。这些钱来得很容易，孩子就很容易出现花起钱来大手大脚，不知道珍惜物品，对父母缺少感恩之情等不良的后果。

所以，在孩子最初知道钱能买东西时，父母就应该有意识地告诉孩子金钱是通过父母的辛勤劳动换取的，父母要用这些钱来养家糊口，钱里有父母的辛劳，将来孩子长大了，也同样要承担养家的重任。如果是亲朋好友送的，则要让他明白，这些礼物将来他是要还的，并非人家天生就该给他。

你可以偶尔带着你的孩子去上班。因为如果孩子并不完全明白父母一天中在做些什么，他们当然也会不清楚父母不在的这段时间和他们在超级市场里买的糖果与这有何关系。当你的工作量不是太大时，带孩子去你的工作单位看看，能让他们有不小的收获。如果你的工作单位在正常办公时间，不欢迎孩子们来访，那么你可以在周末抽空带他们前去，这样他们才能想象出来当你不在他们身边时，你都在做些什么。

同时，我们还应该让孩子明白，他们将来要为自己的前途而不是为父母去从事工作。一位父亲看见九岁的儿子做作业马马虎虎，就对他讲："儿子，你必须自己做决定，如果你写得浮皮潦草，对与不对估且不论，老师可就要嫌你懒，对你发火，或者给你低分了。现在你觉得不重要，可到了你真正会做事的时候，觉得重要就晚了。你要记住，每个人都希望自己的所作所为能得到别人的赞许，可获得赞许的唯一办法就是认真对待工作。如果你认为它们无所谓，不在乎，当然，我和你妈妈不会因此失业，受损的只有你自己。"

不仅如此，父母还应该引导孩子在劳动中体会一分耕耘一分收获的道理。最好的途径就是教孩子做一些家务活，这样他就能体会这一点：他会知道如何把地扫得又快又干净；会掌握把窗和玻璃擦得光亮的技巧；会发现使衣服不打皱褶的秘诀……这些都是用劳动换来的。而且，更重要的是，孩子的收获除了学会勤奋和坚韧外，还能养成一种凡事都愿做、爱做和能做的可贵品质，这样的孩子将来才能热爱工作。另外，孩子将来工作中总会面对繁杂和琐碎的事务。而几乎所有的家务活动都有助于孩子学会精细、一丝不苟地做事情，这对孩子将来的工作也是有好处的。

在这个过程中，我们还必须让孩子理解：一个人干的活儿并不都是他喜欢干的，有些活儿只是为了达到某种目的而必须干的。对三岁的孩子，这可能意味着："如果我们一起把玩具收拾干净，我就有时间给你讲故事了。"对五岁的孩子可能意味着："如果你每晚把自行车放进存车处，车就不会生锈了。"对九岁的孩子可能意味着："如果你帮我浇浇花草，省我点儿时间，星期天我就可以带你去看足球赛。"并且还需要让他们懂得：未来的工作只是现在家务活的一种延续。所以，为了将未来的工作干得更出色些，就必须积极参与一些家务活。

另外，合作是一种令人愉悦的人际关系，这也是我们必须传递给孩子的一种观念。必须让孩子明白，人并不是因为本能的驱使才承担那些令人厌烦的责任的，更重要的是，帮人干些活儿，不管它有多么乏味，却表达了你的一片爱意，并由此获得一种通过别的途径无法得到的自尊。

总而言之，这些做法不但能够使孩子知道金钱是从哪里来的，还能够培养孩子的劳动意识，使孩子知道珍惜金钱，避免孩子胡乱花钱，还能够帮助孩子学着用劳动赚取金钱，提高孩子的生存能力。

会花钱的孩子，将来才会赚钱

这里的"花钱"并不是我们通常意义上的花钱，而是指花了100元钱，得到了150元甚至更高价值的商品；更有些深谙花钱学问的聪明人，花了1元却挣了10元。在不放弃生活的享受，不降低生活的品质的前提下，"花最少的钱，获得更多的享受"，这正是"会花钱"者的过人之处。而这一点也正是少年儿童所欠缺的能力。孩子的通病之一就是乱花钱，不懂得计划，不知道节制。帮助他们处理好这个问题便是理财教育的重要内容之一。

▶▶ 让孩子花钱，他才能学会花钱

很多父母担心孩子乱花钱，往往会"剥夺"孩子支配金钱的机会，孩子要买什么东西，先要经过大人审核，审核通过了，再给钱。孩子们手里的压岁钱，父母也要统统收回，并说："压岁钱由父母来帮你保管"，这样做，固然防止了孩子乱花钱，但带来的弊端更大，孩子会因此养成要花钱就伸手，一有钱就赶快花光的习惯，更为严重的是，导致孩子缺乏对消费的规划意识，财商会形成短板。

因此，大人应该抛弃过时的观念，有对孩子进行财商教育的意识，给孩子适度的经济自由权，让孩子有机会管理、使用自己的零花钱、压岁钱和其他财产，而不要把钱捂得死死的。

零花钱的发放技巧：

1. 定额定时给孩子零花钱。大人可以根据实际情况，在一定期限内，给孩子一定数目的零花钱。这个期限和数目相对是固定的，这样有利于孩子制定开支计划。不过，这并不意味着你就完全不用过问，关注孩子把钱都花在了哪里，才好对孩子不合理的消费行为及时提醒并纠正。

但是，如果孩子不节制，提前将零花钱花光了，原则上，大人对孩子再要钱的行为一定要坚决说"不"，同时让孩子明白：钱已经给你了，你有权以任何方式用掉它，如果用光了，就应该为自己的盲目消费买单。

2. 让孩子自己赚零花钱。家长需要让孩子明白会花钱，也要会赚钱的事理。你可以教孩子一些简单的赚钱途径，比如大人可以以孩子的名义在银行开一个账户，鼓励孩子把钱存入银行赚取利息；可以让孩子做一些力所能及的家务活，然后给予孩子适当的报酬，还可以鼓励孩子做一些兼职，总之，要让孩子懂得赚钱的道理和途径，为孩子将来的投资理财打下良好的基础。

压岁钱的处理原则：

1. 一定要加强引导。孩子的年龄毕竟比较小，很难做到合理支配，因此父母一定要在孩子压岁钱的支配上加强引导。可以拿出一小部分让孩子自由支配，让他买点自己喜欢的"大件"物品，如比较贵重的玩具，自己喜欢的书籍等，但也要事先征得家长的同意。其他的可以与孩子商议其独立账户必须保留的金额的底线，然后一起制定短期的储蓄和消费目标。

2. 和孩子协商处理。不管是存入银行还是交给爸妈保管的那一部分，在压岁钱的支出上孩子也有权参与其中。其用途可以是作为孩子学费、文具费、小饭桌费用的开支，也可以作为假期旅游的费用，或者是家庭添置大件物品时，让孩子承担一部分，可以在长辈过生日的时候给他们买礼物送上一份祝福，培养孩子的责任感。如果是存入银行，存款可选择一年，到期后陪孩子取出来，故意让他核算一下银行给利息对不对，让孩子知道货币时间价值和钱能生钱的道理，同时告诉孩子今年压岁钱再加上取出来本金和利息，放在一起再存一年收益会更高。

▶▶ 被追债的痛苦能加深孩子对借贷的认知

2016年，某在校大学生因债务缠身无力偿还而跳楼自杀，以及大学生裸贷事件曝光之后，让很多父母现在就开始对孩子的未来忧心忡忡。

其实，如果孩子在很小的时候就养成了良好的信用借贷习惯，在借钱之前他就会反复考虑："为了借到这个东西，我使自己背上还债的负担，值得吗？"那么，长大后就能从容地应对这个到处是信用消费的社会，他在人生道路上就会尽早地获得经济上的独立。

那么，如何才能让孩子现在就养成良好的信贷习惯呢？最好的方法就是让他现在就体会一把被债主追着讨账的滋味。

比如，当孩子想买一些意义不大的东西时，你可以引导他向你借钱（当然，如果孩子主动向你借钱，就更应该坦然地做他的"债主"了），并和他签订一份正规的借贷合同，然后把钱借给他。

这里有两点需要注意，一是给孩子的最高借贷额不应超过两个月的零花钱，如果你每个月给孩子30元为零用钱，那么给他的最高借贷额就是60元；二是还款期限应以两个月为宜，如果把还款时间拉得太长，很可能影响孩子的生活和学习。

之后，我们就进入了可以说是整个借贷过程中最重要的步骤，那就是让孩子必须归还借款，而且在规定的时间内归还。所以，当你向他收取欠款时，不要接受任何不还钱的借口，不应该让孩子养成拖欠甚至抵赖的坏习惯，否则，他就不会深刻认识借贷是一项严肃的责任，如果大人妥协，一切都失去了意义。

在孩子"负债"的过程中，他一定会体验到借钱买东西，然后花上几个月还债的感受；他会明白债务是一种严肃的责任，他会知道不得不为自己早已失去兴趣的东西而还债是什么滋味。而且，他为了按期还钱，一定不得不放弃本想购买的东西，这种感觉会让他觉得痛苦。但恰恰因为如此，以后他再想借钱买一些意义不大的东西时就会更加谨慎了。

同时，作为孩子人生路上的引导者，我们需要把"延后享受"的理念传递给他。所谓延后享受，就是指延期满足自己的欲望，以追求自己未来更大的回报。关于这一点，不妨学学犹太人的教子方法。他们会告诉孩子："如果你喜欢玩，就需要你去赚取所需要的自由时间，这需要良好的教育和学业成绩。然后你可以找到很好的工作，赚到很多钱，等赚到钱以后，你可以玩更长的时间，玩更昂贵的玩具。如果你搞错了顺序，整个系统就不会正常工作，你就只能玩很短的时间，最后的结果是你拥有一些最终会坏掉的便宜玩具，然后你一辈子就得更努力地工作，没有玩具，没有快乐。"

那么，在日常生活中，我们就可以这样做：比如面对一定要买某个玩具的孩子，可以鼓励他将零花钱攒起来再买，在攒钱的过程中，别忘记对达到某一里程碑的孩子——比如攒了10元后——给予鼓励，让孩子享受攒钱的过程，还能让他延期购买。这一习惯的养成，也可以很大程度上避免孩子将来掉到信用消费的陷阱里而不能自拔。

▶▶ 让孩子学会把消费分出个轻重缓急

其实，人们处理本身财务的大部分能力，都取决于对"需要的"和"想要的"这两者差异的了解而定。

可是对于孩子来说，他们往往搞不明白"需要"和"想要"有什么区别。他们会说"我需要一个饼干"或者"我需要看电视"。他们被那种急迫的感觉攫取，并认为这种感觉是生理需要——除非你告诉他们二者的区别，大多数孩子一直会延续这种想法。把钱花在"想要"的事物上纵然既美妙又快乐、既有趣又重要，但是身为父母，你有责任教导孩子"需要"的才是应当优先满足的。

在这个过程中，关键的一步是大人自己要清楚二者的区别，然后利用每个机会把这个信息传递给孩子。

"需要的"包括基本生理上的需求(好比食品、水、空气)，还有适度的关心、爱抚、智力上和体力上的刺激，以及锻炼能力的机会。孩子需要的东西应该享有最高优先权，应该尽快给予满足。孩子饿了，不给吃的，或者孩子害怕，不给安抚，这都不能为孩子建立正确的内在价值观，并且也无益于孩子的长期成长。

"想要的"是除了以上范畴之外孩子渴望得到的一切。可能是想要买的某件东西，或是想吃的某种食品，或是让父母在某件事上听自己的话。有些想要的根本不应给予满足，比如孩子没有必要收集电视广告上所有花里胡哨的玩具。而有些想要的东西是合理的，可以在提出要求的基础上给予满足。比如让你孩子"挣到"，至少是"等到"他们心仪的东西，这样你给他们一个体验延迟满足的机会，从而他们会更注重内在价值。

有一个简单的方法就是让孩子写个清单，把所有想要的东西都写下来。在特定的时候，你可以让他自己从清单里挑一样他想要的礼物。这样一来，孩子不但学着把愿望分出轻重缓急，而且认识到等待是接受礼物的一个必要步骤。

当然，这并不是说父母不能出其不意地给孩子一份清单上的礼物。尤其是孩子取得了某种特殊成绩（成就）之后，送份礼物（比如带孩子去个与众不同的地方玩一趟)能让家长和孩子共同分享喜悦。

另外，如果孩子想要的东西与某种责任相关，那通融一下也并不过分。比如他放学之后，或是在假期里打工，大人也不妨让他用用你的车。

▶▶ 按计划花钱，是合理消费的基础

制定花钱预算的目的就是要进一步让孩子懂得，花钱也有责任。在自己的收入范围内要保证自己始终有足够的钱，而避免那种因买太多想买的东西而无法付款的尴尬，方法就是做一个预算表，它是管好钱、有计划用钱的基础。只要按预算行事，就可以保证有足够的钱坦然应付自己的开支。

由于孩子年龄还小，可以每周制定一次预算。列表时，可以遵照下列 5 个步骤：

步骤 1：列出每周从各种渠道获得的收入。仅仅计算正常可靠的收入，比如每周的零用钱和从固定的工作中挣来的钱。

步骤 2：列出每周必需花费的钱，比如公共汽车票、学校用的文具和午餐等。

步骤 3：列出想要但还没动手的东西的清单，包括看电影，或者是买点心和录音带。

步骤 4：现在列出想攒钱购买的东西。

步骤 5：从收入中扣除必需花费的（见步骤 2)，剩下的就是可以花或可以攒的钱了，这就是孩子的每周预算。

一旦孩子做出了预算，重要的是执行。这需要孩子付出许多努力，包括克制。这里还有一个可以帮助孩子坚持执行预算的小办法。找四个空的玻璃瓶或塑料瓶，在上面分别贴上必需、其他花销、攒钱和捐赠字样的纸条，把它们放在孩子的衣柜里或桌子上，每周让孩子将他的钱分成 4 份分别装进瓶子里，在用钱时根据用途从相应的瓶子里取钱，这样就不会因混淆而超支了。

当然，父母也应该制定出家庭开支的预算表，永远记住，父母是孩子学习理财的最佳榜样。并且，在这个过程中，鼓励孩子积极参加这份预算的制定。亲自参与的现实经验也会成为他的最好老师。通过这件事，还可以让孩子认识到父母不再是取之不竭的摇钱树，父母对开支的慎重态度符合影响孩子的花钱方式，并加深他对理财的重要性的认识。

储蓄与投资，培养孩子现代理财观

我们让孩子学理财，一定是希望他们将来既要运用好现有的财富，又能够在这个基础之上创造出更大的财富。因此，我们有必要让孩子了解并掌握一些关于储蓄和投资的内容，在钱生钱的魅力中，练就出真正的财富神童。

▶▶ 具体的存钱过程是孩子储蓄概念的开始

任何人都不能挣钱马上就花，必须学会为未来打算，未雨绸缪，或为某一特定目的积攒一定的钱。这就涉及到财商教育的一个重要方面——储蓄。

不过，培养孩子的储蓄意识，可不能从银行储蓄开始，应该要更早的时候着手。事实上，当孩子长到3岁的时候，他已经萌发了花钱的念头。这时家长就可鼓励他们把自己的零花钱储存起来。这个很具体的存钱过程，就是孩子开始有储蓄概念的开始。

你可以让孩子自己选择他喜欢的，或者是看起来更有趣、更有创意的存钱罐。比如可以是孩子属相的存钱罐，让孩子更有亲切感；也可以是高科技的迷你ATM柜员机储蓄罐，可以存款、提款、设置、查询余额、修改密码，等等，简单的操作步骤让孩子的储蓄变得很有趣。这样，孩子在存钱罐的诱惑暗示下，享受到积累带来的成就感和满足感的，自然也就慢慢养成了自觉储蓄的好习惯了。

　　如果可以，最好还要准备3个储蓄罐。在美国畅销书——《孩子，天上不会掉馅饼》里，作者戈弗雷在谈到储蓄原则时就指出：孩子们可以把自己的零花钱放在3个罐子里。

　　第一个罐子里的钱用于日常开销，购买在超级市场和商店里看到的"必需品"。

　　第二个罐子里的钱用于短期储蓄，为购买"芭比娃娃"等较贵重物品积攒资金。

　　第三个罐子里的钱则长期存在银行里。

　　这种分类储蓄的办法很有条理地分清了零花钱的用途，更利于孩子养成良好的储蓄和理财习惯。

　　当孩子长到6岁以后，已经可以懂得，银行并不是要拿走他们的钱，而是把他们的钱安全地保管起来，并且还会给他们支付利息。这时，就可以给孩子开一个银行账户，让孩子愿意把一部分自己积攒的钱拿到银行存起来，孩子对于储蓄的学习才能系统、全面地展开。

　　当然，对第一次拥有这么多金钱的孩子，大人必须及时地做出指导，并充分予以关注。但你要做的只是给建议，支配权还是要交给孩子，毕竟孩子未来还是要自己决定如何支配金钱。因此，即使你发现孩子胡乱购买不需要或不合算的物品时，一开始也许不必大动肝火而对孩子横加责备——权且把它当作孩子学本领时必须付出的"学费"吧！事实上，绝大多数孩子一开始出现的"消费膨胀"心理，在经过一定时间的自我反省和大人帮助后都会恢复到正常状态。

　　具体来说，父母可与孩子商议其独立账户必须保留的金额的底线，然后一起制定短期的储蓄和消费目标：开始时可能仅是小目标，一般只需储蓄几个星期便能大功告成；此后可转向较大目标，须耐心储蓄几个月才能实现凤愿；最后上升至更大的须储蓄上一年半载的大目标。要是在这段时期孩子受到其他东西的诱惑而没能"挺住"，那么他就必须为自家的或合理或不太合理的花销负责。换句话说，责任人不是父母，而是孩子自己！而更重要的是，孩子从中可学到一种宝贵的责任心，领悟到一种辨证的得失观。

另外，还要做到存钱、取钱都让孩子自己做，这才能真正锻炼孩子的能力。而且，能掌握个人存款的小孩，会觉得自己至少能掌握生活中的一部分。没有这种感受的小孩，可能会因为对自己要存多少钱和为什么目的存钱没有发言权，而对整个存钱进行过程失去兴趣。

▶▶ 学会投资，打开孩子的财富之门

当孩子拥有了自己的个人账户之后，家长还可以进一步教会孩子正确投资。

投资，即是指人用钱去参与那些被认为是能获取利润的事业或者购买那些被相信是可以增值的东西，如果所投资的事业果然获利丰厚，所购买的东西果然增值不少，投资人的财富就会得到很大增长。通过投资活动，孩子会发现，投资不像银行存款，在具有更大回报的可能之中却存在着相当的风险。用自己的钱去进行投资，可能比将钱存在银行里增值更快，但也可能以同样快的速度贬值。这也是财商教育的一个重要方面。

虽然少年儿童还不具备进行大笔投资的条件和能力，但有些事情是可以做的，比如，收藏有价值的邮票、会增值的硬币，等等。在你的指导和帮助下，孩子也可以去尝试购买政府债券、股票或共同基金，等等。在国外，许多家庭都鼓励并早已开始让孩子这么做，

这被认为是管理钱财的最重要的方式。例如，美国小女孩妮可只有9岁，上小学4年级，她已经从500元的定期存单上挣了11元（虽然不算多）。等存单到期后，就把钱投资购买股票——专门买那些即将分割的股票，这样她就能得到更多的股票了。"妮可正在走向成功的路上，我真希望自己能像她那样。"她的母亲瑞塔说。

虽然购买股票的孩子还是少数，但是他们已经成为精明的一族了。下面我们就具体介绍一下适合孩子投资的方式有哪些。

1. 收藏。收藏品可以成为获得利润的途径，有些东西买进来再卖出去，可能就会有可观的收益。孩子现在可能已收藏了一些东西，如：邮票、漫画书、硬币、玩偶、唱片等。

2. 股票。购买股票和炒股票之前，孩子们应该知道股票是什么。商业的增长需要金钱，为弄到钱，一些商业机构出售股份——即他们公司的每一单位资产的所有权。这些股份又叫作股票。一个拥有一份或更多股份的股票的人叫作股东。如果他拥有百分之百的股份，他就拥有了整个公司。大多数的大公司有上百个甚至上千个股东。股东为每一单位股份付出特定的价格，每股可以小到1元，也可以大到1000元。因为一个公司的股份价格忽上忽下，股民们希望在价格低的时候买进股票，再在高的时候把它卖出去，这样，股民就可以获得差价也就是利润。而如果股价下跌了，股民再卖的话就会亏本。如果一个公司彻底倒闭了，股东会失去他的所有投资，这正是风险所在。

3. 债券。债券是筹集资金用于建设和发展的另一种方式。政府和公司的债券不是股份而是借给它们的贷款，它们发行债券并承诺到期连本带利归还。当你买大多数的债券时，应知道你买的是什么东西，当到期后你可以兑现它。商业机构不是唯一出售债券的组织。

政府在进行建设或发展时，比如修路、造桥、办学校、建图书馆和医院，也会通过债券筹资。

当孩子进行了投资，或者仅仅是为了学到更多关于投资的知识，随时留意它们的价格变化是很有好处的。从报纸上可以了解到股票、债券的情况，另外，还有关于新的商业机会的文章，从中知道什么产业还在增长以及什么人正在获得成功，这些信息对孩子很有用。

当孩子第一次接触时，可能会被长长的栏目和密密麻麻的数字搞得头晕脑涨。但只要略加实践，就会找到他需要的信息。这样随时留意，持之以恒，便会学到许多有用的知识。

总之，只要家长给予孩子正确的理财观，引导他们采用合理的理财方式，加上秉持上述这些原则，不要以自己的立场去干涉孩子的理财细节，那么孩子便可以从中学习一辈子受用的金钱价值观，轻易由理财就能致富。